Peter Singer

피터 싱어 / 김성한

<컴북스이론총서>는
현대를 호흡하는 사상가들을 소개합니다.
단순한 사상의 축약, 해제가 아닙니다.
해당 사상가를 연구해 온 전문가가 직접
사상가의 핵심 키워드 10개를 뽑아 해설하고 비평합니다.
인간과 비인간, 현실과 가상, 문화와 야만의
경계를 넘나드는 모든 사상을 싣겠습니다.
오늘을 살아가는 모든 이의 나침반이 되겠습니다.

컴북스이론총서

피터 싱어

김성한

대한민국, 서울, 커뮤니케이션북스, 2026

피터 싱어

지은이 김성한
펴낸이 박영률

초판 1쇄 펴낸날 2026년 2월 23일

커뮤니케이션북스(주)
출판 등록 제313-2007-000166호(2007년 8월 17일)
02880 서울시 성북구 성북로 5-11
전화 (02) 7474 001, 팩스 (02) 736 5047
commbooks@commbooks.com
www.commbooks.com

ISBN 979-11-430-1969-1 04190

책값은 뒤표지에 표시되어 있습니다.

'생각하는 윤리'에서 '행동하는 윤리'로

소위 386세대는 오랜 기간 영어를 배웠지만, 정작 영어를 잘한다고 말하기 어렵다. 중학교 때부터 대학을 마칠 때까지 꾸준히 영어를 공부했음에도 말하기나 듣기, 심지어 읽기조차 어설픈 경우가 많다. 이는 개인의 능력보다 당시의 영어 교육 방식과 사회적 분위기에 더 큰 원인이 있다. 시험 중심의 교육 속에서 영어는 의사소통의 도구가 아니라 평가의 대상이 되어 버렸기 때문이다. 윤리 교육의 현실도 크게 다르지 않다. 윤리 교육은 학교 교육의 중요한 한 영역으로 자리해 왔지만, 그 성과는 기대에 미치지 못했다. 학생들은 초등학교부터 고등학교까지 수년 동안 윤리 교과를 배우지만, 그 배움이 실제 삶의 태도로 이어지는 경우는 드물다. 영어가 '시험용 영어'에 머물렀던 것처럼, 윤리 교육 역시 '형식적인 도덕'에 머물러 버린 것이다. 그 결과 사회 곳곳에서 나이나 지위를 막론하고 이기적 태도를 당연하게 여기거나, 부정과 불법을 가벼이 받아들이는 모습이 쉽게 눈에 띈다.

이처럼 윤리 교육이 실천으로 이어지지 못하는 데에는 여러 이유가 있다. 윤리는 '하고 싶은 일'이 아니라 '해야 할 일'을 말하기 때문에, 인간의 본능적 욕구나 이해관계와 자주 충돌한다. 그러나 문제는 이뿐만이 아니다. 우리는 윤리를 지식으로 배우지만, 이를 정서적으로 공감하고 행동으로 옮기는 과정을 제대로 배우지 못했다. 학교에서의 윤리 수업은 주로 개념을 이해하고 사례를 분석하는 데 그치며, 실제로 그 가치를 체험하거나 내면화할 기회를 거의 제공하지 않는다. 그 결과 학생들은 옳고 그름을 구분할 수는 있어도, 옳다고 믿는 것을 행동으로 실천할 힘을 기르지는 못한다. 즉 '알고 있음(인지)'과 '행동함(실천)' 사이에 깊은 간극이 존재한다. 윤리 교육이 이론 암기에 머무르지 않고, 옳다고 믿는 것을 실천으로 연결할 수 있도록 돕는 방향으로 바뀌어야 하는 이유가 여기에 있다. "윤리 교육은 단순히 도덕적 삶을 아는 데 머물지 않고, 도덕적 행위와 밀접하게 이루어져야" 한다(심성보 외, 2004: 23).

이 간극은 과연 메워질 수 있을까? 피터 싱어(Peter Singer, 1946~)는 자신의 삶과 철학을 통해 그 방향을 보여 주는 철학자다. 싱어는 윤리를 책 속의 이론이 아니라 지금 여기에서 살아 있는 문제로 끌어내려야 한다고 말한다. 싱어의 철학은 우리로 하여금 '무엇이 옳은가'라는 질문에 머무르지 않고, '어떻게 살아야 하는가'를 함께 묻게 한다.

싱어의 생애

피터 싱어는 1946년 오스트레일리아 멜버른에서 태어났다. 그의 부모는 오스트리아 출신 유대인으로, 나치의 박해를 피해 이주해 온 사람들이었다(Singer, 2012: 468). 이 같은 가족사는 싱어의 사상에 큰 영향을 미쳤다. 싱어는 어린 시절부터 '고통받는 존재에 대한 민감성'과 '윤리적 책임'에 관심을 가질 수밖에 없는 환경 속에서 성장했다.

멜버른대학교에서 철학과 역사를 공부한 싱어는 이른 시기에 공리주의를 접했으며, 추상적이고 사변적인 철학보다는 구체적 현실 문제에 대한 철학적 접근에 더 관심을 보였다. 대학 졸업 후 1971년 영국 옥스퍼드대학교에서 ≪민주주의와 시민 불복종(Democracy and Disobedience)≫이라는 논문으로 박사 학위를 받았다. 이 논문에서 싱어는 민주주의 체제 안에서 '개인이 언제, 어떤 조건에서 법을 어길 도덕적 권리를 갖는가'라는 문제를 다루었다. 이는 이후 싱어가 사회적 실천과 정치 참여를 강조하는 철학자로 자리매김하는 데 중요한 기반이 되었다.

1973년 싱어는 ≪뉴욕서평(The New York Review of Books)≫에 "동물 해방(Animal Liberation)"이라는 서평을 싣는다. 이는 ≪동물, 인간 그리고 도덕(Animals, Men and Morals)≫(1971)이라는 책의 서평이었는데, 여기서 싱어는 '동물 해방'이라는 개념을 처음 공개적으로 사용하면서 동물에 대한 기존 태도가 도덕적으로 정당화될 수 없다고 비판했다. 이 글을 바탕으로 싱어는 1975년 ≪동물 해방(Animal Liberation)≫을 출간했다. ≪동물 해방≫은 커다란 반향을 일으켰다. 이 책은 동물해방운동의 이론적 토대를 세우고, '실천윤리학'이라는 새로운 학문 분야를 여는 출발점이 되었다. 또한 학계는 물론 범세계적인 채식 운동과 동물 실험 반대 운동 그리고 법적·제도적 차원에서의 변화까지 이끌어 내는 촉매제 역할을 했다.

1979년 싱어는 ≪동물 해방≫의 문제의식을 한층 확장한 ≪실천윤리학(Practical Ethics)≫에서 자신의 윤리 사상을 체계화했다. 이 책은 당시 학계에서 잘 다루지 않던 낙태, 안락사, 해외 원조 문제와 같은 '뜨거운' 윤리적 쟁점을 정면으로 다루었다. 그 결과 '실천윤리학'이라는 새로운 분야를 본궤도에 올려놓았다는 평가를 받는다. 이 책에서 싱어는 이익동등고려의 원칙(the principle of equal consideration of interests)을 옳고 그름을 판단하는 궁극적 기준으로 삼고, 이 원칙에 따라 여러 주제들의 옳고 그름을 판단해 보고자 했다(Singer, 2013: 53).

두 책의 출간 이후에도 싱어의 저술 활동은 멈추지 않았다. 싱어는 동물, 생명, 원조, 환경 등 인간의 삶 전반을 아우르는 주제들을 끊임없이 탐구하며 자신의 윤리적 입장을 구체적인 현실 문제에 적용하며 확장해 나갔다. 여러 저술에서 싱어는 철저한 이성적 성찰을 바탕으로 도덕이 어떻게 '행동'이 될 수 있는지를 보여 주었으며, 1970년대부터 지금까지 이를 염두에 두고 집필하거나 공저한 저서만 해도 50권이 넘는다.

싱어의 남다른 특징은 이론적 탐구에 머물지 않고 실천을 지향한다는 점이다. 싱어는 자신이 관심을 보인 문제들에서 내린 결론을 뒷받침할 수 있는 처방을 제시하고, 이를 삶 속에서 실천하려 애써 왔다. 이러한 행보는 싱어가 널리 명성을 얻기 전부터 일관되게 이어져 왔다. 가령 싱어는 동물 문제 해결에 꾸준히 관여해 왔으며, 최근에는 '더 라이프 유 캔 세이브(The Life You Can Save)'라는 재단을 설립해 효율적 이타주의를 원조의 영역에 적용하고 있다.

곧 80세를 맞지만, 싱어는 여전히 왕성한 활동을 이어가고 있다. 현재도 프린스턴대학교에서 학생들을 가르치고 있고, 2023년 타이완의 승려 스자오후이(釋昭慧)와 함께 ≪피터 싱어, 불교와 만나다(The Buddhist and the Ethicist)≫를 출간했다. 같은 해 ≪동물 해방≫을 대대적으로 수정·보완한 ≪우리 시대의 동물 해방(Animal Liberation Now)≫을, 2024년에는 ≪칠면조 고려하기(Consider the Turkey)≫를 출간했다. 강연과 칼럼을 통한 대중과의 소통도 활발히 이어 가고 있는데, 우리나라에서는 그의 강연이 2021년 EBS 특집 <위대한 수업, 그레이트 마인즈>에서 5부작으로 방영되기도 했다.

싱어는 우리나라 도덕 교과서에 실릴 만큼 국내에 가장 잘 알려진, 살아 있는 서양의 철학자 가운데 한 사람이다. 싱어의 저작은 우리말로 20여 권이 번역되어 널리 읽히고 있다. 이러한 명성은 국내외를 막론한다. 싱어는 2012년 오스트레일리아최고시민훈장(Companion of the Order of Australia)을 받았고, 2021년에는 철학계의 노벨상이라고 불리는 베르그루엔상(Berggruen Prize for Philosophy and Culture)을 수상했다. 데일 제이미슨(Dale Jamieson)은 싱어를 "20세기의 가장 영향력 있는 철학자 중 한 명"으로 꼽았다(Jamieson, 1999: 1). 이러한 수상 경력과 평가는 싱어가 단순히 강단 철학자가 아니라 실제 사회를 변화시키는 '행동하는 지식인'의 전형을 보여 주었음을 반영한다.

싱어 사상의 특징

싱어는 완전히 새로운 사상을 창안했다기보다 기존 공리주의를 오늘의 현실 속에서 새롭게 해석하고 확장한 사상가로 평가된다. 선호 공리주의(preference utilitarianism)를 받아들이고 그 논리를 철저히 밀고 나갔을 때 도달하게 되는 결론들을 일관되게 옹호했을 뿐, 완전히 새로운 철학을 창안한 것은 아니다.

그럼에도 싱어의 사상은 여느 철학자 못지않게, 아니 그 이상으로 우리 삶에 강력한 영향력을 행사한다. 그 이유는 그의 논증이 복잡한 철학적 논의보다는 명료한 논리적 일관성에 기초하고 있어, 약간의 주의만 기울이면 누구나 그 결론을 이해하고 수긍할 수 있기 때문이다. 더 나아가 싱어는 자신의 철학적 결론을 실제 삶 속에서 실천함으로써 철학이 단순한 사변에 머무르지 않고 행동의 지침이 될 수 있음을 보여 준다. 이러한 점에서 싱어는 '사유하는 철학자'이자 '행동하는 철학자'라고 할 수 있다. 물론 싱어가 제시하는 방식이 윤리적 삶을 살아가는 유일한 길은 아닐 것이다. 그러나 싱어의 논리와 그로부터 비롯된 실천은 윤리적 삶의 한 전형을 제시하며, 우리가 다른 방식을 선택하더라도 반드시 참고할 만한 가치를 지닌다. 싱어의 사상적 특징은 다음과 같이 정리할 수 있다.

첫째, 싱어는 선호 공리주의를 일관되게 옹호하며, 이를 구체적 현실에 적용하기 위해 '이익동등고려의 원칙'과 '효율적 이타주의'를 제시한다. 이익동등고려의 원칙에 따르면 우리는 이익을 가질 수 있는 모든 존재의 이익을 동등하게 고려해야 한다. 싱어는 이 원칙을 통해 도덕적 고려의 범위를 인간에서 동물, 더 나아가 미래 세대까지 확장해야 한다고 주장한다(Singer, 2013: 166).

한편 효율적 이타주의는 우리가 타인을 도울 때 단순한 선의나 감정이 아니라 고통의 크기와 행복의 총량을 기준으로 판단해야 함을 강조한다. 다시 말해 누가 더 큰 고통을 겪고 있으며, 어떤 행동이 더 많은 효익을 낳을 수 있는지를 이성적으로 검토해야 한다고 주장한다. 이러한 입장에서 싱어는 "우리에게는 얼마 되지 않는 비용을 가지고 실로 곤궁한 타인의 복리에 절대적으로 중요한 변화를 일으킬 수 있을 때마다 발생하는 의무보다 우선할 수 있는 것은 아예 없다"(Singer, 2003: 231)고 밝힌다.

싱어에 따르면 이러한 태도로 살아갈 때 우리는 내집단의 울타리를 넘어 더 넓은 존재들에게 관심을 기울이게 된다. 또한 단지 '무엇인가를 했다'는 데 그치지 않고 더 많은 행복을 산출하고 더 많은 고통을 줄이기 위해 지속적으로 노력하게 된다.

둘째, 싱어는 대중친화적으로 자신의 입장을 개진한다. 싱어가 다루는 주제는 추상적이지 않고 우리 삶과 밀접하게 연결되어 있어 비교적 쉽게 접근할 수 있다. 기존 윤리학자들의 저술들은 옳고 그름의 문제를 다루지만 논의 자체가 우리가 살면서 접하는 것들과 다소 동떨어져 있어 대중이 접근하는 데 어려움이 따른다. 반면 싱어는 우리 삶과 밀접하게 연결된 동물, 빈곤, 생명, 환경 등의 구체적 문제들을 다룬다. 이는 철학적 논의가 우리 삶과 동떨어진 것이 아님을 느끼게 해 준다. 싱어는 이러한 문제들을 다루면서 존재론적 논의 등 이해 자체가 어려운 논의를 바탕에 깔지 않고, 좀 더 직접적이면서 구체적인 사례를 통해 확인할 수 있는 논증에 호소한다. 이처럼 싱어는 독자들이 쉽게 이해할 수 있도록 명료하고 간결한 방식으로 자신의 철학을 전개하고, 철저히 논리적이되 불필요한 전문 용어 대신 구체적 사례와 직설적 문장을 통해 독자에게 다가간다.

셋째, 싱어는 선호 공리주의에 입각해 논리의 일관성을 끝까지 추구하는데, 이로 인해 매우 급진적이고 논쟁적인 사상가라는 평가를 받는다. 이는 싱어의 철학적 태도가 낳은 필연적 결과라고 할 수 있다. 싱어는 타협을 거부하고 자신의 논리를 끝까지 밀고 나감으로써 기존의 도덕 직관을 흔들고 새로운 논쟁의 장을 열어 왔다. 가령 동물도 고통을 느낄 수 있다는 점에서 인간과 동등한 도덕적 고려 대상이 되어야 한다는 주장을 전면에 내세우면서 기존 인간 중심적 윤리관에 근본적 문제를 제기했다. 이로써 싱어는 전통적인 도덕 공동체의 경계를 확장했다는 평가를 받는다. 하지만 이처럼 논리의 일관성을 추구하려는 싱어의 태도가 항상 긍정적 평가만을 받는 것은 아니다. 특히 싱어는 낙태와 안락사 문제를 다루는 생명 윤리 영역에서 격렬한 반발을 불러일으켰다. 선호 공리주의자인 싱어는 인간의 생명을 그 본질적 가치가 아니라 초래할 결과에 따라 판단한다. 이러한 관점에 따르면 고통과 행복의 총량을 따져 더 큰 이익을 가져올 수 있다면 낙태는 물론 일부 유형의 안락사도 정당화될 수 있다. 바로 이 점 때문에 싱어의 주장은 학계뿐 아니라 종교계와 장애인 단체들로부터 거센 반발을 불러왔다.

마지막으로 싱어에게서 가장 특징적이라고 할 수 있는 것은 자신의 이론을 학문적 논의에 머물게 하지 않고 실천으로 옮기려 한다는 점이다. 싱어는 철학자가 책상 위에서 사변적 논리에 몰두하는 존재가 아니라, 고통을 줄이고 행복을 증진하기 위해 몸으로 실천하는 지성인이어야 한다고 생각한다. 이는 싱어가 탐구 대상으로 삼는 모든 주제에서 일관되게 나타나는 모습이다. 싱어는 동물에게 도덕적 지위를 부여해야 한다는 생각을 논리적으로 설득하는 데에만 초점을 맞추지 않고, 학계뿐 아니라 사회 전반에 걸쳐 채식 운동, 동물 실험 반대 운동 등 다양한 실천적 변화가 이어질 수 있도록 다방면으로 노력하고 있다. 또한 가까운 이웃은 돕고, 낯선 존재의 고통은 외면하며, 나의 삶을 유지하는 소비가 누군가의 생명을 위협하는 줄도 모른 채 살아가는 태도를 경계하면서 ≪빈곤 해방(The Life You Can Save)≫이라는 저서를 통해 효율적이고 투명한 기부 단체를 소개했다(이 책은 2009년 초판이 출간되었고, 2019년에 10주년 기념 개정증보판이 출간되었다. 국내에서 초판은 "물에 빠진 아이 구하기"라는 제목으로, 개정증보판은 "빈곤 해방"으로 번역 소개되었다). 더 나아가 동명의 재단을 설립해 사람들이 스스로 기부 약속을 할 수 있도록 체계적 운동을 이끌고 있기도 하다(Singer, 2025: 9-10).

이처럼 싱어의 사상은 단순한 이론적 주장에 머무르지 않고 '어떻게 살아야 하는가'라는 질문에 구체적 답을 제시한다는 점에서 특별하다. 싱어는 철학을 삶의 문제와 직접적으로 연결하며, 추상적 개념을 실천적 지침으로, 나아가 직접적 실천으로 전환하는 드문 모습을 보여 준다. 바로 이러한 점이 싱어의 논의가 현대 사회 속에서 강력한 설득력을 갖는 이유일 것이다.

이 책의 구성

이 책은 싱어의 주요 사상을 체계적으로 정리하고, 그것이 오늘날 우리의 윤리적 과제와 어떻게 맞닿아 있는지 탐구한다. 이를 위해 1장부터 4장까지는 싱어 이론의 핵심이라고 할 수 있는 선호 공리주의와 이익동등고려의 원칙을 상세히 정리·소개한다. 여기서는 싱어에 대해 들어 본 사람들이 흔히 궁금해하는 두 개념 간 관계, 그리고 이들이 도덕 추론에서 어떤 역할을 하는지를 다룬다. 싱어는 도덕 영역에서 감정보다는 이성의 역할이 중요하다고 보며, 이익동등고려의 원칙이 감정이 아니라 이성을 통해 확인되는 진리라고 주장한다. 그러면서 이러한 원칙이 단순한 주관적 선호가 되어서는 안 된다고 강조한다. 도덕적 추론이 설득력을 갖추려면 그 근거가 되는 원칙 자체가 보편적 진리로서의 힘을 지녀야 하기 때문이다.

5장부터 7장까지는 선호 공리주의와 이익동등고려의 원칙을 동물·생명·나눔·환경 문제에 적용했을 때의 귀결을 제시한다. 이 가운데 동물 문제는 싱어를 세상에 널리 알린 주제로, 다른 어떤 주제보다도 이익동등고려의 원칙이 명확하게 적용된다. ≪동물 해방≫의 논의가 설득력을 얻는 이유는 단순히 도덕 추론을 통해 동물에게 도덕적 지위를 부여해야 한다고 주장하는 데 그치지 않고 실험동물과 식용동물이 처한 현실을 생생히 보여 주며, 동물 착취의 역사와 그에 대한 반론까지 세밀하게 검토하기 때문이다. 이처럼 현실 분석과 규범적 추론을 결합하는 접근은 싱어 윤리 사상의 핵심 특징이며, 싱어는 이러한 방법을 환경 문제와 생명 문제에도 일관되게 적용한다. 이 중 환경 문제에 관해서는 비교적 폭넓은 지지를 받았지만, 생명 문제에서는 낙태와 안락사를 일정 부분 허용해야 한다고 주장함으로써 격렬한 논쟁을 촉발했다.

8장은 싱어의 효율적 이타주의를 설명하면서 그 입장이 나눔 문제에 적용될 때의 시사점과 구체적 지침을 정리한다. 오늘날 많은 자선 활동이 이루어지고 있지만, 정작 자선이 어떤 방향으로 나아가야 하는지에 대한 기준은 명확히 제시되지 않는다. 자선 행위가 그 자체로 선한 것으로 여겨지기 때문이다. 그러나 효율적 이타주의의 관점에서 보면 이러한 태도는 잘못된 것이다. 싱어는 사람들이 효율을 의식한다면 자칫 자선이 아니라 민폐가 될 수 있는 활동을 지양할 수 있게 되고, 동일한 노력으로 더 많은 긍정적 결과를 산출할 수 있게 될 것이라고 생각한다.

9장은 싱어가 비판적 검토를 통해 얻은 결론을 실천으로 연결하려는 철학자임을 보여 준다. 이 장은 단순히 싱어의 인품을 보여 주는 데 목적이 있는 것이 아니라, 우리 모두가 자신이 옳다고 생각하는 바를 실천으로 옮기기 위해 노력해야 함을 강조한다. 싱어에 따르면 올바름을 실천으로 옮기면서 살아가는 것은 우리를 행복하게 하기도 한다. 어쩌면 세상과의 일정한 거리나 마음의 평정을 추구하는 삶보다 싱어의 말처럼 적극적으로 고통을 함께 나누는 삶이 더 깊은 행복에 이르는 길일지도 모른다.

10장은 싱어의 철학이 우리 윤리 교육에 주는 시사점을 다룬다. 현실적 제약 탓에 싱어의 사상을 우리 교육 현장에 완전히 반영하기는 어렵겠지만, 사유와 실천의 조화를 지향하는 그의 태도를 적절히 의식하기만 해도 우리의 윤리 교육은 더욱 올바른 방향을 모색하고 그 길로 나아갈 수 있을 것이다.

이 책의 목적

이 책의 목적이 싱어의 사상을 해설하는 데 있음은 말할 것도 없다. 그러나 필자는 싱어를 매개로 '올바른 삶이란 무엇인가', 그리고 '그 삶을 가능하게 하는 조건은 무엇인가'를 함께 성찰하도록 이끄는 데 초점을 맞춘다. 가장 근본적인 문제임에도 정작 그 누구도 제대로 가르쳐 주지 않고 사회적 합의도 부재한 채 방치되고 있는 것이 바로 '올바른 삶을 사는 법'이다. 오늘날의 윤리 교육은 이 문제를 개인의 선택에 맡김으로써 결과적으로는 사람들이 아무런 고민 없이 살아가도록 방조하고 있다.

싱어 역시 '어떻게 살아야 하는가'에 대한 구체적 지침을 시시콜콜 제시하지는 않는다. 그러나 싱어의 저술과 강연을 종합해 보면 우리는 그가 지향하는 삶의 방향을 충분히 읽어 낼 수 있다. 필자는 이러한 방향을 성찰의 출발점으로 삼아, 독자들이 올바른 삶을 구성하는 요소들을 스스로 발견하고 쌓아 가기를 바란다. 필자는 싱어의 세부 입장을 일일이 파악하는 것보다, 그가 제시하는 올바른 삶이 무엇인지 확인하고 이를 자신의 삶과 연결하는 것이 훨씬 의미 있는 일이라고 생각한다.

싱어의 철학은 특히 한국 사회의 윤리 교육 현실에 중요한 시사점을 던진다. 우리의 윤리 교육은 여전히 이론 암기에 치중해 있으며, 학생들에게 윤리를 시험 문제로 풀게는 하지만 이를 삶의 지침으로 삼도록 이끌지는 못하고 있다.

오랜 기간 윤리 교육을 받아 왔음에도 여전히 많은 이들이 ‘어떻게 살아야 하는가’라는 질문에 명확히 답하지 못하거나, 그 질문 자체에 무관심한 이유가 여기에 있다. 결국 우리의 윤리 교육은 윤리적 실천으로 이어지지 못한 채 형식적 틀에 머물러 있는 것이다. 이 지점에서 싱어의 철학은 윤리를 다시 ‘살아 있는 사유’로 회복시킬 수 있는 거울이 된다.

이 책은 단순히 한 철학자의 사상을 해설하는 데 그치지 않고, 그것이 오늘의 현실 속에서 우리 삶과 윤리 교육을 어떻게 변화시킬 수 있는지를 탐색하는 여정이 될 것이다. 독자는 이 과정을 통해 ‘왜 우리는 옳음을 알면서도 행동하지 않는가’, ‘윤리 교육은 어떻게 해야 삶을 바꾸는 힘을 가질 수 있는가’ 등의 근본적 질문을 마주할 것이다. 그리고 바로 이러한 질문들을 성찰하는 과정에서, 싱어의 철학이 단순한 이론이 아니라 사유하고 실천하는 삶에 대한 요청임을 깨닫게 될 것이다.

참고문헌

심성보 외(2004). ≪도덕교육의 이론과 실제≫. 원미사.

Jamieson, D.(1999). Singer and the Practical Ethics Movement. *Singer and His Critics*, pp. 1-17. Blackwell.

Singer, P.(1990). *Animal Liberation*. Harper Perennial Modern Classics. 김성한 옮김(2012). ≪동물 해방≫. 연암서가.

Singer, P.(2002). *One World: The Ethics of Globalization*. Yale University Press. 김희정 옮김(2003). ≪세계화의 윤리≫. 아카넷.

Singer, P.(2011). *Practical Ethics(3rd edition)*. Cambridge University Press. 황경식·김성동 옮김(2013). ≪실천윤리학≫. 연암서가.

Singer, P.(2019). *The Life You Can Save(10th anniversary edition)*. www.thelifeyoucansave.org. 함규진 옮김(2025). ≪빈곤 해방≫. 21세기북스.

차례

일러두기

- 인명, 작품명, 저서명, 개념어 등은 한글과 함께 괄호 안에 해당 국가의 원어를 병기했습니다.
- 외래어 표기는 현행 어문규정의 외래어표기법을 따랐습니다.
- 이 책에는 필자가 발표한 연구물의 일부가 수정과 보완을 거쳐 포함되었습니다. 사용된 논문은 다음과 같습니다.

–김성한(2012). "피터 싱어 윤리 체계의 일관성". ≪철학논총≫, 70(4), 229-250쪽.
–김성한(2020). "피터 싱어의 '이익 동등 고려의 원칙'에 대한 오해와 진실". ≪동서철학연구≫, 98, 493-516쪽.
–김성한(2025). "피터 싱어 실천 윤리학의 한국 도덕 교육 적용 가능성 탐색". ≪인성교육연구≫, 10(2), 235-258쪽.

01
선호 공리주의

도덕적 삶이란 도덕 판단을 가능하게 하는 궁극적 기준을 자각하고, 이를 행동에 반영하기 위해 노력하며 살아가는 것을 의미한다. 싱어는 그 기준으로 선호 공리주의를 받아들인다. 선호 공리주의는 쾌락과 고통에 초점을 맞추는 고전 공리주의와 달리 각 존재의 선호를 존중하는 이론이다. 싱어는 선호 공리주의를 받아들임으로써 도덕적 고려의 범위를 미래 세대와 동물에 이르기까지 확장한다.

도덕 원칙: 도덕 판단의 궁극적 기준

사람들에게 옳고 그름이 무엇이냐고 물으면 대체로 '거짓말을 하지 말라', '도둑질을 하지 말라', '어려운 이웃을 도와라'와 같은 규범들을 떠올린다. 이러한 대답이 전적으로 잘못된 것은 아니다. 하지만 단순히 몇 가지 명령을 암기하고 이를 준수하려는 태도로 살아가는 삶은 충분히 도덕적인 삶이라고 보기 어렵다. 로런스 콜버그(Lawrence Kohlberg)의 도덕 발달 이론에 따르면 이러한 수준은 여섯 단계 가운데 네 번째인 '법과 질서 지향' 단계에 해당한다. 다시 말해 '훔친 것은 잘못이다'라는 규범 준수의 차원에 머무는 셈이다. 콜버그가 제시한 도덕 발달의 여섯 번째 단계는 보편적 도덕 원칙을 스스로 인식하고, 이를 기준으로 다양한 상황에서 일관된 판단과 행동을 할 수 있는 수준을 가리킨다. 이는 규범을 단순히 암기하거나 기계적으로 적용하는 차원을 넘어, 도덕 판단의 궁극적 기준을 반성적으로 활용할 수 있는 단계다.

싱어 또한 이러한 관점에 공감하며 많은 사람들이 윤리를 오해하고 있다고 지적한다. 싱어는 다음과 같이 말한다. "사람들은 윤리를 어떤 일을 금지하는 규칙 체계라고 이해한다. 윤리를 어떻게 살아야 하는가에 대한 사유의 토대라고 생각하지 않는다.”(Singer, 1996: 8) 싱어에 따르면 윤리적으로 산다는 것은 단순한 규칙 준수가 아니라 반성적 사고를 통해 수용한 도덕 원칙에 자신의 삶을 맞추려 노력하며 살아가는 것을 말한다. “윤리적으로 산다는 것은 우리 각자가 지닌 삶의 양식에 대해 반성하는 것이다. 그리고 그 반성의 결과에 행위를 부합시키고자 노력하는 것이다.”(Singer, 1996: 10)

그렇다면 싱어가 염두에 두는 ‘반성의 결과로 수용해야 할 궁극적 기준’은 무엇인가? 싱어는 그 기준으로 선호 공리주의를 제시하며, 이를 실제 상황에 적용할 때에는 이익 동등고려의 원칙을 활용한다. 우선 선호 공리주의가 무엇이며, 어떤 특징을 갖는지 살펴보자.

선호 공리주의의 특징

공리주의는 제러미 벤담(Jeremy Bentham)의 양적 공리주의, 존 스튜어트 밀(John Stuart Mill)의 질적 공리주의 그리고 이후 선호 공리주의로 이어지며, 적용 방식에 따라 행위 공리주의와 규칙 공리주의로 나뉘기도 한다. 이 가운데 선호 공리주의는 리처드 머빈 헤어(Richard Mervyn Hare)가

제안했고, 이후 싱어가 체계화해서 발전시켰다. 벤담이나 밀과 같은 고전 공리주의자들이 고통의 제거와 쾌락 혹은 행복의 증진을 도덕의 목표로 삼았다면, 선호 공리주의는 선호 충족의 최대화를 도덕 판단의 기준으로 제시한다. 선호 공리주의자들은 쾌락과 고통이라는 감각적 경험에 국한하지 않고, 특정 존재가 지닌 계획과 가치, 나아가 자신의 삶을 장기적으로 이해하고 지향하는 방식까지도 도덕적으로 고려해야 한다고 본다. 이러한 점에서 선호 공리주의는 경험의 강도나 총량보다는 선호를 지닌 존재의 관점과 삶의 구조를 더욱 폭넓게 반영하는 이론이라 할 수 있다.

싱어가 고전 공리주의를 포기하고 선호 공리주의를 택한 이유는 쾌락과 고통에만 의존하는 기준이 다음과 같은 한계를 드러내기 때문이다. 첫째, 사람들은 쾌락이나 고통과 직접 연결되지 않더라도 자신의 선호가 존중되기를 원한다. 예컨대 어떤 사람들은 쾌락을 느끼지 못해도 자신의 신념이나 인생 계획이 존중받기를 바라며, 어떤 경험이 순간적 쾌락을 준다고 해도 그것이 자신의 가치관과 어긋난다면 거부하기도 한다.

둘째, 쾌락과 고통을 옳고 그름의 판단 기준으로 삼는 고전 공리주의는 미래 세대처럼 아직 존재하지 않는 집단을 고려하기 어렵다. 쾌락과 고통은 “지금 이 순간 경험되는 의식의 상태”(Singer et al., 2013: 147)를 가리킨다. 따라서 고전 공리주의자들이 도덕적 고려 대상으로 삼는 대상은 현재 살아 있는, 감각을 지닌 존재들로 한정된다. 이들은 아직 태어나지 않았거나 이 순간 쾌락과 고통을 느끼지 못하는 존재들을 도덕적 고려의 대상으로 삼을 수 없다.

반면 각 존재의 선호에 초점을 맞추는 선호 공리주의는 이러한 한계를 보완할 수 있다. 선호 공리주의에 따르면 도덕적 고려의 대상은 현재 쾌락이나 고통을 경험하는 존재에 한정되지 않는다. 어떤 존재가 아직 존재하지 않거나, 존재하지만 쾌락과 고통을 느끼지 못하는 상태에 있더라도 도덕적 고려의 대상에서 배제되어서는 안 된다. 중요한 것은 그가 현재 어떤 선호를 지니는지가 아니라 우리의 선택이 그가 장차 선호를 형성하고 실현할 수 있는 삶의 조건을 보존하는지, 아니면 근본적으로 박탈하는지다. 이처럼 선호에 기초한 접근은 쾌락과 고통이라는 현재적 감각 상태에만 머무르지 않고, 한 존재가 살아갈 수 있는 삶의 가능성 전체를 도덕적으로 고려하도록 요구한다. 바로 이러한 점에서 선호 공리주의는 아직 태어나지 않은 미래 세대 역시 도덕적으로 고려해야 한다는 결론을 가능하게 한다. 요컨대 선호 공리주의는 어떤 존재가 지금 이 순간 존재하지 않더라도, 우리가 현재 내리는 선택이 그들이 장차 형성할 삶의 조건과 선호 충족 가능성에 중대한 영향을 미친다면 이를 도덕적으로 고려해야 한다고 주장한다.

그럼에도 선호 공리주의에는 '선호를 충족하는 것이 도덕적으로 옳은가'라는 의문이 제기될 수 있다. 예컨대 마약을 선호하는 사람에게 실제로 마약을 제공하는 것을 옳다고 말할 수 있을까? 이러한 지적에 대해 싱어는 우리가 선호를 고려할 때 '이상적 관찰자(ideal observer)'의 관점을 취해야 한다고 주장한다. 이상적 관찰자는 충분한 지식과 지혜를 갖추어 객관적 판단을 내릴 수 있는 존재를 가리킨다. 비록 이러한 인물이 현실에 존재하지 않더라도, 우리가 판단을 내릴 때 그와 같은 관점을 취한다면 곧 이상적 관찰자의 시점을 따르는 것이라고 할 수 있다. 이러한 관점에서 보면 선호 역시 단순히 개인이 느끼는 즉각적 욕구가 아니라 적절한 정보에 근거하고 오해나 착각에서 자유로운 상태에서 형성된 것이어야 한다. 즉 최선의 판단을 내릴 때는 충분한 정보를 바탕으로 하고 오해나 착각에서 벗어난 선호만이 고려되어야 한다.

죽임에 대한 선호 공리주의와 고전 공리주의의 비교

선호 공리주의의 두드러진 장점은 죽임(killing) 문제를 다루는 데서 분명하게 드러난다. 이를 고전 공리주의와의 비교를 통해 살펴보자. 어떤 존재가 행복하게 살다가 어느 순간 고통 없이 살해되었다고 가정해 보자. 고전 공리주의의 관점에서 이러한 죽임은 원칙적으로 도덕적 문제를 제기하기 어렵다. 그 존재는 살아 있는 동안 행복을 누렸고, 죽음의 순간 고통을 겪지 않았으며, 사망 이후에는 더 이상 쾌락이나 고통을 경험하지 않기 때문이다. 다시 말해 쾌락과 고통의 총량만을 기준으로 판단할 경우 죽임 그 자체는 직접적인 해악을 발생시키지 않는다(김성한, 2020: 496).

이러한 결론은 우리의 상식적인 도덕 판단과 충돌한다. 물론 이 논리를 가축인 소나 돼지에게 적용할 경우 많은 사람들은 이를 비교적 쉽게 받아들인다. 적절한 환경에서 사육되고 고통 없이 도축된다면 도덕적 문제가 없다고 생각하는 경향이 있기 때문이다. 하지만 동일한 기준을 인간에게 적용하면 상황은 달라진다. 예컨대 행복하게 살아가던 성인을 고통 없이 죽였다고 하더라도 우리는 이를 명백한 도덕적 잘못으로 판단한다. 심지어 그가 불행한 삶을 살고 있었다고 하더라도 그의 생명을 빼앗는 행위가 정당화된다고 보지는 않는다.

그럼에도 쾌락과 고통만을 판단 기준으로 삼는 고전 공리주의 관점에서는 인간이든 돼지든 살아 있는 동안 행복했고 고통 없이 죽음을 맞이했다면 양자의 죽임 사이에 본질적인 도덕적 차이를 설정하기 어렵다. 죽음 이후에는 누구도 더 이상 쾌락이나 고통을 경험하지 않기 때문이다. 이와 같은 결론은 우리의 상식적 판단을 충분히 설명하지 못하며, 죽임 그 자체의 도덕적 의미를 해명하는 데서 고전 공리주의의 한계를 드러낸다.

선호 공리주의는 이러한 고전 공리주의의 약점을 보완할 수 있다. 선호 공리주의에 따르면 인간이든 인간 아닌 동물이든, 행복한 삶을 살았든 불행한 삶을 살았든, 미래에 대한 선호를 지닌 존재의 생명을 빼앗는 행위는 그 존재가 지닌 중요한 선호를 근본적으로 침해한다는 점에서 도덕적 문제를 갖는다. 싱어는 "하나의 동물을 죽인다는 것은 하나의 삶을 종식시키는 행위로, 그 존재가 앞으로 누릴 수 있었던 행복을 앗아 가는 것"이라고 말한다(Singer et al., 2014: 31). 이는 죽임이 단순히 고통을 유발하지 않는다는 이유만으로 정당화될 수 없으며, 그 존재가 미래에 실현할 수 있었던 선호 전체를 좌절시킨다는 점에서 문제임을 보여 준다. 이처럼 선호 공리주의는 고전 공리주의가 지닌 한계를 보완하며, 특히 죽임과 생명의 문제에서 더 설득력 있는 해석을 제공한다. 또한 미래 세대와 인간 아닌 동물을 도덕적 고려 범위에 포함할 수 있게 해 오늘날의 윤리적 과제를 다루는 강력한 이론적 도구로 자리매김한다.

의식과 자의식의 구분에 따른 생명의 도덕적 지위

싱어는 동물을 의식적 존재(conscious beings)와 자의식적 존재(self-conscious beings)로 구분한다. 여기서 의식적 존재란 쾌락과 고통을 느낄 수 있는 존재를 가리킨다. 이들은 의식을 지니고 있지만, 자기 자신을 시간 속에서 파악하거나 '미래에 내가 존재할 것'이라는 인식을 갖추었는지는 분명하지 않다. 반면 자의식적 존재는 단순히 의식이 있는 수준을 넘어, 자기 자신을 독립적인 존재로 이해하고 시간 속에서 과거의 자신과 현재의 자신, 미래의 자신을 연결할 수 있는 존재를 말한다. 이들은 특정 경험을 기억할 수 있는 능력을 갖추고 있으며, 자신의 미래를 계획하고 이를 실현하려는 다양한 선호를 지닌다.

인간은 대표적인 자의식적 존재에 해당하며, 싱어는 일부 유인원(침팬지, 오랑우탄 등)을 비롯해 개나 돼지와 같은 일부 포유류 동물 역시 일정 수준의 자의식을 지닐 가능성이 있다고 본다. 이처럼 자의식을 지닌 존재의 생명을 빼앗는 행위는, 그 존재가 살아 있는 동안 행복하게 고통 없이 살았는지와 무관하게 도덕적으로 잘못이다(Singer, 1997: 118). 이는 이들을 죽일 경우 그들이 앞으로 실현할 수 있었던 삶의 계획과 미래지향적 선호를 근본적으로 박탈하게 되기 때문이다.

더 나아가 자의식을 지닌 서로 다른 종 사이에는 자의식의 발달 정도에 차이가 있으며, 이에 비례해 그들이 지닌 선호의 폭과 무게 역시 달라진다. 자의식이 더 발달할수록 존중해야 할 선호의 범위가 넓어지고, 그만큼 생명이 지니는 도덕적 가치 역시 커진다. 이러한 관점에서 보면 자의식을 지닌 존재의 죽음은 모두 도덕적으로 문제지만, 불가피한 선택 상황에서는 그들 사이에 일정한 우선순위를 설정할 수 있다. 예컨대 정상적인 성인과 오랑우탄 가운데 한 존재만을 살려야 한다면 자의식이 더 발달한 성인을 살려야 할 것이다.

일반적으로 자의식적 존재의 생명은 의식만을 지닌 존재의 생명보다 더 중요하다(Singer, 1997: 138). 싱어에 따르면 자의식을 갖추지 못한 의식적 존재가 살아 있는 동안 즐거운 삶을 누렸고, 고통 없이 죽음을 맞이한다면 원칙적으로 그 생명을 빼앗는 것이 허용될 수 있다. ≪실천윤리학≫ 2판에서 싱어는 닭을 예로 들며, 자의식을 갖추지 못한 조류 이하의 의식적 존재에 대해서는 이러한 판단이 가능하다고 설명한다(Singer, 1997: 166). 그러나 이 경우에도 싱어는 '의심의 이득(benefit of the doubt)' 원칙을 적용해야 한다고 강조한다(Singer, 1997: 151). 즉 자의식을 지녔는지 여부가 불확실한 경우에는 그러한 불확실성을 이유로 생명을 함부로 빼앗아서는 안 된다고 이야기한다.

마지막으로 유의해야 할 점은 싱어가 의식적 존재의 고통 없는 죽임을 원칙적으로 허용할 수 있다고 보면서도 그들이 살아 있는 동안 고통을 겪게 해서는 안 된다고 분명히 강조한다는 사실이다. 싱어는 "고통은 이를 느끼는 존재의 다른 여러 특징에 영향을 받지 않고 그 자체로 악하다"고 말한다(Singer, 2024: 54). 이러한 관점에서 싱어는 자의식적 존재뿐 아니라 자의식이 없더라도 유정성(有情性)을 지닌 의식적 존재의 선호 역시 존중되어야 하며, 선호 존중의 차원에서 그들이 살아 있는 동안 가능한 한 고통 없이 행복한 삶을 누릴 수 있도록 배려해야 한다고 주장한다.

참고문헌

김성한(2020). "피터 싱어의 '이익 동등 고려의 원칙'에 대한 오해와 진실". ≪동서철학연구≫, 98, 493-516쪽.

Singer, P.(1993). *Practical Ethics(2nd edition).* Cambridge University Press. 황경식·김성동 옮김(1997). ≪실천윤리학≫. 철학과현실사.

Singer, P.(1995). *How Are We To Live?.* Reed Consumer Books. 정연교 옮김(1996). ≪이렇게 살아도 괜찮은가≫. 세종서적.

Singer, P.(2023). *Animal Liberation Now.* Harper Perennial. 김성한 옮김(2024). ≪우리 시대의 동물 해방≫. 연암서가.

Singer, P. et al.(2013). *Les Animaux aussi ont des droits.* Seuil. 유정민 옮김(2014). ≪동물의 권리≫. 이숲.

02
이익동등고려의 원칙

이익동등고려의 원칙은 도덕 판단에서 특정 개인이나 종의 이익이 우선할 수 없으며, 모든 존재의 이익을 공정하게 비교·판단해야 한다는 원칙이다. 이는 모든 '개체'를 동등하게 고려해야 한다고 요구하지 않으며, 모든 '생명'을 동등하게 고려해야 한다고 요구하지도 않는다. 이익동등고려의 원칙은 모든 개체의 '이익'을 동등하게 고려할 것을 요구하는 원칙이다.

이익동등고려의 원칙이란 무엇인가

싱어는 윤리가 누구에게나 적용되는 보편적 관점을 따른다고 본다. 여기서 보편적 관점이란 도덕 판단을 내릴 때 특정한 사람이나 집단의 이해관계에 한정되지 않고, 자신의 이해타산을 넘어 객관적으로 판단하는 태도를 의미한다. 이는 달리 말해 '불편부당한 관망자' 혹은 '이상적 관찰자'의 입장을 취하는 것이라고 할 수 있다(Singer, 1997: 32).

싱어는 이 같은 입장을 담고 있는 이익동등고려의 원칙을 자신의 궁극적인 도덕 기준으로 제시한다. 싱어에 따르면 모든 존재의 이익은 동등하게 고려되어야 하며, 어떤 존재의 이익도 다른 존재의 이익보다 덜 중요하게 다루어져서는 안 된다. 즉 우리의 행위에 영향을 받는 모든 존재의 이익을 공정하게 고려해야 한다.

그런데 이 지점에서 한 가지 의문이 제기된다. 이익동등고려의 원칙과 선호 공리주의는 어떤 관계에 있을까? 두 개념은 동일한 것일까? 결론부터 말하면 그렇지 않다. 선호 공리주의가 '무엇이 옳은가'를 결정하는 궁극적 기준이라면, 이익동등고려의 원칙은 '이익(혹은 선호)을 어떻게 고려해야 하는가'에 대한 판단 기준이라고 할 수 있다. 이익동등고려의 원칙이 별도로 필요한 이유는, 아무리 선호가 중요하다고 하더라도 다양한 방식으로 존재하는 선호를 비교·평가할 기준이 없다면 공정한 도덕 판단이 불가능하기 때문이다. '차별 없이 모든 이익을 동등하게 고려하라'라는 원칙은 이러한 상황에서 적절한 도덕 판단을 하는데 기준이 될 수 있을 것이다. 요약하자면 두 입장은 다음과 같이 정리할 수 있다.

① 우리는 관련된 모든 주체의 이익(또는 선호)을 가능한 한 최대한 충족해야 한다(선호 공리주의).
② 이러한 이익은 그것이 누구의 이익인지와 관계없이 모두 동등하게 고려되어야 한다(이익동등고려의 원칙).

이익동등고려의 원칙의 구체적 의미를 좀 더 세분화해 살펴보자.

이익

이익(interest)의 사전적 정의는 '물질적으로나 정신적으로 보탬이 되는 것'(표준국어대사전)이다. 싱어 또한 이익이라는 표현을 대체로 이러한 의미로 사용하는 듯하다. 하지만 싱어는 이익동등고려의 원칙을 이야기하면서도 구체적으로 이익이 무엇인지 상세하게 설명하지 않는다. 그 대신 BBC 도덕 가이드(Ethics Guide)의 다음과 같은 정리를 참조할 수 있다.

① 기본적 이익: 생존과 직결된 이익
② 중요한 이익: 동물의 삶의 질에 중대한 영향을 미치는 필요-이익(needs-interests)
③ 사소한 이익: 충족되면 좋지만, 충족되지 않아도 무리 없이 살아갈 수 있는 이익(BBC Ethics Guide, 2014)

이 구분을 살펴보면 기본적이든 중요하든 사소하든 이익은 언제나 해당 존재에 '보탬이 되는 것'임을 확인할 수 있다. 다시 말해 그 존재가 선택하려 하지만 해가 될 수 있는 것은 제외되고, 오직 그 존재에게 실제로 도움이 되는 것만이 이익으로 간주된다. 이렇게 이익을 규정하면 마약을 선호하는 사람에게 마약을 주는 것이 윤리적으로 정당화될 여지는 사라진다. 그가 마약을 선호해도 마약을 주어 흡입하게 하는 것이 그에게 보탬이나 도움, 즉 이익이 되지 않을 것이기 때문이다. 동일한 맥락에서 자의식을 지닌 존재가 행복한 삶을 살았고 고통 없이 죽음을 맞는다고 하더라도 그 존재를 죽이는 행위는 잘못된 것이다. 그러한 살해는 그 존재의 생존과 관련된 기본적 이익을 보장하지 못하며, 그 이익을 침해할 것이기 때문이다.

선호와 이익 그리고 고통 회피

이쯤에서 선호와 이익 그리고 고통 회피의 관계가 궁금해진다. 문헌을 살펴보면 싱어는 '선호'와 '이익'을 혼용하는 것처럼 보이며, 심지어 이들 용어 대신 '고통 회피'를 사용하기도 한다. 따라서 우리는 이들이 동일한 것을 지칭한다고 생각할 수 있다. 실제로 이들은 동일한가?

먼저 선호와 이익의 관계를 보자면, 이들은 겹치는 부분이 있지만 동일한 개념은 아니다. 선호는 이익보다 넓은 범위를 포괄한다. 선호에는 어떤 존재가 바라는 모든 것이 포함되며, 그 안에는 심지어 마약과 같이 해가 될 수 있는 것도 포함될 수 있다. 반면 이익은 여러 선호 가운데 어떤 존재에게 실제로 도움이 되는 것만을 가리킨다. 즉 원하는 것이라고 해서 모두 이익이 되는 것은 아니며, 여러 선호 중에서 일부만이 이익이 된다. 그런데 싱어가 선호 충족을 '선'이라고 말할 때의 선호는 (해가 될 수 있는 것을 포함한) 모든 주관적 욕망의 충족을 말하는 것이 아니다. 이는 이상적 관찰자의 관점을 전제한다. 이를 감안한다면 싱어가 말하는 선호와 이익은 크게 다르지 않다고 볼 수 있다.

한편 불필요한 고통 회피는 여러 선호와 이익 중 하나로 이해할 수 있다. 불필요한 고통을 피하고자 하는 것은 어떤 존재가 그것을 바란다는 점에서 '선호'가 될 수 있고, 그 존재의 삶에 실제로 도움이 된다는 점에서 '이익'이 될 수도 있다. 이렇게 보면 불필요한 고통 회피는 선호이자 이익으로 간주될 수 있다.

동등한 고려

그다음으로 싱어가 말하는 '동등한 고려'를 고찰해 보자. 먼저 동등한 고려란 '이익'을 동등하게 고려해야 함을 뜻한다. 즉 이익동등고려의 원칙은 모든 '개체'를 동등하게 고려해야 한다는 원칙도, 모든 '생명'을 동등하게 고려해야 한다는 원칙도 아니다. 그것은 인간과 아메바가 '개체'라는 이유로 동등한 고려의 대상이 되어야 한다고 말하지 않으며, 식물과 인간이 '생명'을 지닌 존재라는 이유로 동등한 고려의 대상이 되어야 한다고도 말하지 않는다. 이익동등고려의 원칙은 다른 모든 조건이 동일하다고 할 때, 유정적 존재인 A가 더 많은 고통을 받고 있다면 A의 고통을, 어떤 다른 상황에서 유정적 존재인 B가 더 많은 고통을 받고 있다면 B의 고통을 우선적으로 배려할 것을 요구하는 원칙이다. 즉 유정성을 지닌 개체의 '이익'에 초점을 맞추는 원칙이다.

이익동등고려의 원칙은 모든 개체에 대한 획일적 처우를 요구하지 않는다. 획일적 처우가 모두에게 동일한 결과를 산출하는 것은 아니기 때문이다. 거꾸로 이야기하자면 모두의 이익을 고려해 모두에게 동일한 결과를 산출하고자 할 때 서로 다른 처우가 요구될 수 있다. "어떤 것이 이익이 되는지를 알 때까지 이 원칙에 따라 우리가 해야 할 일이 무엇인지는 알 수 없다."(Singer, 1997: 45)

'동등'에 대한 해석에서 주의해야 할 것은, 싱어가 말하는 '동등'이 사실에 관한 진술이 아니라 당위적 요구라는 점이다. 싱어는 인간을 포함한 모든 동물의 이익이 실제로 평등하다고 주장하는 것이 아니라 이들의 이익이 평등하게 고려되어야 한다고 말한다. 다시 말해 이익동등고려의 원칙은 '인간을 포함한 모든 동물의 이익이 동등하다'는 사실적 명제가 아니라 '이익이 동등하게 고려되고 있지 않다면 이를 시정해야 한다'는 규범적 원칙이다. "평등은 기

본적인 윤리적 원칙이지, 사실의 주장이 아니다."(Singer, 1997: 42)

이익을 갖는 존재들 = 도덕적 고려의 대상

이익동등고려의 원칙에 따르면 배려의 대상을 정할 때 그 대상이 '누구인가'에 초점을 맞추어서는 안 된다. 가난한 사람인지 부유한 사람인지, 특정 인종이나 성별에 속하는지, 혹은 가까운 사람인지 낯선 사람인지는 이익을 고려할 때 기준이 될 수 없다. 더 나아가 인간과 인간 아닌 동물의 구분 역시 도덕적 배려의 범위를 정하는 잣대가 되어서는 안 된다. 이 원칙에 따르면 이익은 그 자체로 존중되어야 하며, 그것이 누구의 이익인지는 본질적인 문제가 아니다. 이익동등고려의 원칙은 오직 이익을 가질 수 있는 존재만을 도덕적 배려의 대상으로 삼을 것을 요청하는데, 싱어는 이러한 존재를 '유정적 존재', 즉 '쾌고 감수 능력을 지닌 존재(sentient being)'라고 부른다(Singer, 2012: 39). 이러한 존재는 종에 관계없이 도덕적 고려의 대상이 되며, 따라서 "단지 인간과 같은 종이 아니라는 이유로 동물을 경시하는 사고 자체는 버려야 한다"(Singer et al., 2014: 42).

여기서 쾌락과 고통은 넓은 의미로 쓰였다. 여기에는 신체적인 것뿐 아니라 심리적인 것까지 포함된다. 따라서 돼지가 별다른 육체적 고통을 느끼는 상황이 아니라고 해서 아무런 문제가 없는 것은 아니다. 만약 돼지가 새끼와의 이별 등으로 심리적 고통을 느낀다면 이익을 고려하는 공리주의자는 그러한 고통을 제거하기 위해 노력해야 한다.

어떤 동물 종까지 이익을 가질 수 있는지, 얼마만큼, 어떤 이익을 갖는지는 논란의 여지가 없지 않다. 하지만 적어도 어떤 동물이 쾌락과 고통을 느끼는지 느끼지 않는지는 몇 가지 기준을 통해 확인할 수 있다. 행동이나 표정상의 변화, 신경생리학적 변화 그리고 중추신경계의 유무 등이 그것이다(Singer, 2012: 41 이하). 유의해야 할 점은 중추신경계를 갖는 동물 종을 도덕적 고려 대상이라고 말하는 것이 곧 그들 '모두'가 도덕적 고려 대상임을 뜻하지는 않는다는 것이다. 싱어는 공리주의자로서 이익에 초점을 맞출 뿐, 어떤 종에 속하는지는 그에게 중요하지 않다. 따라서 포유류라 하더라도 쾌고 감수 능력이 없다면 도덕적 고려의 대상이 아닐 수 있다. 싱어가 염두에 두는 포유류란 바로 이러한 능력을 지닌 존재들이다. 만약 이러한 능력이 없음에도 단지 포유류에 속해 있다는 이유로 모든 경우에 어떤 개체를 배려하고자 한다면 이는 종차별주의적 태도를 취하는 격이 된다.

이 논리는 식물에도 동일하게 적용된다. 만약 식물 중에 쾌락과 고통을 느낄 수 있는 식물이 있다면 그 식물은 마땅히 고려 대상이 되어야 한다. 단지 식물이라는 이유로 이러한 능력을 무시하고 함부로 대한다면 이 또한 종차별이다. 그럼에도 싱어가 채식을 권하는 이유는 현재 지구상에서 발견된 식물 중 쾌락과 고통을 느끼는 능력을 갖춘 식물은 없으며, 이에 따라 이익을 가질 수 있는 존재가 아니라고 생각하기 때문이다(Singer, 2012: 396 이하). 물론 식물 또한 고통을 느낄 가능성은 열려 있다. 그럼에도 그 가능성은 매우 적으며, 싱어는 그 확률이 "굴이 고통을 느낄 가능성에 비해 훨씬 희박하다"(Singer, 2024: 350)고 주장한다.

참고문헌

BBC Ethics Guide(2014). Moral Status of Animals. https://www.bbc.co.uk/ethics/animals/rights/moralstatus_1.shtml

Singer, P.(1990). *Animal Liberation.* Harper Perennial Modern Classics. 김성한 옮김(2012). ≪동물 해방≫. 연암서가.

Singer, P.(1993). *Practical Ethics(2nd edition).* Cambridge University Press. 황경식·김성동 옮김(1997). ≪실천윤리학≫. 철학과현실사.

Singer, P.(2023). *Animal Liberation Now.* Harper Perennial. 김성한 옮김(2024). ≪우리 시대의 동물 해방≫. 연암서가.

Singer, P. et al.(2013). *Les Animaux aussi ont des droits.* Seuil. 유정민 옮김(2014). ≪동물의 권리≫. 이숲.

03
이성의 역할과 도덕 판단

윤리적 삶에서 강조되어야 할 것은 이성이다. 감정이나 직관은 출발점이 될 수는 있지만 편향과 차별을 낳기 쉽다. 싱어는 이성적 성찰을 통해 이를 교정해야 한다고 본다. 특히 우리가 당연하다고 생각하기 쉬운 진화적 편향은 맹목에 빠질 가능성이 크다. 모든 존재의 이익을 공정하게 고려하려면 감정에 머무르지 않고 이성에 기초한 일관된 판단을 내려야 한다.

이성과 윤리적 삶

싱어의 논리 전개를 떠받치는 두 축은 선호 공리주의와 이익동등고려의 원칙이다. 싱어는 이 두 원칙을 동물 해방, 빈곤 퇴치, 환경 보호, 생명 윤리 등 현실의 다양한 쟁점에 적용함으로써 자신의 윤리적 입장을 끊임없이 구체화한다. 이러한 논의 전반에서 싱어가 시종일관 강조하는 핵심은 이성의 활용이다. 싱어는 도덕 판단이 감정이나 직관에 의존해서는 안 되며, 이성적 사유를 통해 이루어져야 한다고 주장한다.

싱어에게 윤리적 삶이란 감정에 머무르지 않고 이성을 통해 자신과 타인의 이익을 공정하게 고려하는 삶이다. 이때 이성의 활용은 윤리를 가능하게 하는 선택지가 아니라 윤리를 윤리답게 만드는 필수 조건이다. 싱어는 이성이 우리의 제한적이고 편향된 도덕 직관을 교정하고, 복잡한 도덕적 상황 속에서 일관된 추론을 이끌어 내는 도구가 된다고 본다. 다시 말해 이성은 즉각적·비숙고적 도덕 판단이 제시하지 못하는 보편성과 정당성의 기준을 마련함으로써 다양한 상황에서 일관되고 타당한 도덕 판단을 내릴 수 있게 한다.

도덕 감정과 직관에 대한 비판적 고찰

싱어에 따르면 직관이나 감정은 도덕적 사고의 출발점이 될 수는 있으나, 그것만으로는 충분하지 않다. 직관과 감정은 종종 신뢰하기 어려우며, 우리가 반성적으로 성찰하지 않을 경우 편향된 도덕 판단으로 이어질 가능성이 크다(Singer, 2013: 43-44). 직관과 감정은 도덕의 이름으로 고통을 초래하거나 이익을 박탈하는 데 기여할 수 있고, 더 많은 고통을 줄이고 이익을 증진할 수 있는 선택지가 있음에도 그것을 채택하지 못하게 하는 원인이 될 수도 있다. 싱어는 이성을 통한 반성적 성찰이 이러한 한계를 극복하는 해독제 역할을 할 수 있다고 생각한다.

실제로 우리의 도덕 감정이나 직관은 편향성을 반영하는 경우가 많다. 싱어가 지적하는 신뢰하기 어려운 도덕 감정이나 직관의 대표적 예는 진화 과정에서 형성된 편향성이다. 생물학적으로 우리는 혈연이나 호혜적 관계에 있는 존재를 우선시하려는 경향이 있으며, 자신이 속한 집단과 그 구성원을 먼저 고려하도록 설계되어 있다. 이로 인해 우리는 자연스럽게 낯선 사람보다 혈연이나 호혜적 관계에 있는 존재 그리고 집단 구성원을 우선시하며, 이를 당연하게 받아들이는 편향을 나타낸다. 진화심리학자들은 이러한 경향을 각각 혈연 이타성, 호혜성, 집단 이타성이라고 부르며, 이를 진화에 의해 생래적으로 주어진 이타적 성향으로 간주한다(Singer, 2012a: 34).

이러한 경향에 따라 행동하는 것이 반드시 문제가 되지는 않는다. 문제는 이러한 경향이 맹목성을 띨 경우다. 이는 종종 차별적 태도와 연결된다. 실제로 많은 사람들은 자신이 속한 집단의 이익이 다른 집단의 이익보다 중요하다고 생각하며, 이를 자연스러운 것으로 받아들이는 경향이 있다. 가령 남성은 남성의 이익을, 백인은 백인의 이익을, 특정 지역이나 단체에 속한 사람은 그 집단의 이익을 우선시한다. 이는 정당성을 결여한 차별적 태도에 해당한다.

싱어가 이러한 차별의 한 유형으로 특히 주목하는 것은 인간 아닌 동물들에 대한 차별이다. 싱어는 이를 종차별주의(speciesism)라고 부른다. 사람들 대다수는 어떤 경우에도 인간의 이익을 인간 아닌 동물보다 우선시하는 태도를 당연하게 여긴다. 이는 직관적으로 당연하고 옳은 것처럼 보이지만, 싱어가 보기에는 잘못이다. 같은 강도의 고통이라면 인간과 동물의 고통 모두 도덕적으로 동등하게 고려되어야 하는데, 종차별주의는 어떤 경우에도 인간의 고통을 우선시할 것을 요구하기 때문이다(Singer, 2012b: 371). 싱어는 사유 능력을 발휘해 이를 교정해야 한다고 강조한다.

이러한 교정이 이루어지지 않는다면 우리의 도덕 판단은 근본적 한계를 극복할 수 없다. 그리고 이러한 한계를 방치할 경우 도덕적 배려의 범위는 혈연과 집단, 국가와 종을 넘어 확장될 수 없다. 싱어가 생각하기에 이성은 이러한 감정의 한계를 넘어설 수 있게 하는 유일한 도구다. 우리는 너무나 흔히 감정과 습관에 자신을 맡긴다. 가까운 이웃은 돕지만 낯선 존재의 고통은 외면하며, 나의 삶을 유지하는 소비가 누군가의 생명을 위협하는 줄도 모른 채 살아간다. 이러한 '선한 사람'의 도덕적 무감각은 어쩌면 가장 위험한 형태의 자기기만일 수 있다.

이러한 자기기만은 이성을 통한 반성적 성찰을 통해서만 극복 가능하다. 자신의 선호와 타인의 선호를 비교·조정하고, 이해관계가 충돌할 때 누구의 이익을 우선시해야 하는지를 합리적으로 판단하려면 이성의 활용이 필수적이다. 우리의 도덕 판단이 일관성을 잃지 않고 정합성을 확보하려면 이성적 숙고가 반드시 필요하다.

도덕 추론과 정당화

도덕 추론은 사유 능력을 이용해 자신의 도덕 판단을 검토하고 정당화하는 과정을 말한다. 이는 단순히 '옳다'거나 '그르다'는 감정적 반응에 머무르지 않고 왜 그것이 옳은지, 그 판단이 다른 경우에도 일관되게 적용될 수 있는지 숙고하는 행위다. 우리는 이성적 추론을 통해 다양한 상황에 동일한 원칙을 적용함으로써 도덕 판단의 일관성을 유지하고 감정의 편향으로부터 벗어날 수 있다.

이러한 추론을 수행하는 것은 옳고 그름에 대한 판단을 뒷받침할 정당한 이유를 제시하는 일이다. 어떤 행위가 도덕적으로 옳다고 주장하려면 그 근거가 설득력을 갖추어야 하며, 이 과정에서 이성은 우리의 신념과 행위를 검증하는 비판적 도구로 기능한다. 우리는 자신의 판단이 특정한 감정이나 이해관계에 좌우되지 않았는지, 유사한 상황에서도 일관된 결론이 도출되는지 점검한다. 도덕 추론은 이러한 성찰 과정을 통해 보편화할 수 있는 판단을 지향하는 이성적 활동이라고 할 수 있다.

도덕 추론은 이론적 판단을 실천으로 이끄는 연결 고리이기도 하다. 이성적 검토를 통해 도출된 결론은 우리의 실천을 일관된 방향으로 이끌면서 현실 속 행위의 지침이 된다. 더 나아가 도덕 추론을 진행하다 보면 뜻하지 않은 발견을 하게 되기도 한다. 예컨대 이전에는 도덕적 고려 대상이 아니었던 사회적 약자, 동물, 미래 세대가 관심의 대상이어야 함을 파악하게 된다.

싱어의 도덕적 입장에는 이 같은 도덕 추론의 특징이 잘 반영되어 있다. 싱어는 전통 규범을 무비판적으로 받아들이지 않고, 이성을 통해 그 정당성을 검토하며, 그 결과 지금까지 도덕적 고려에서 제외되었던 존재(특히 동물이나 먼 미래 세대)까지 윤리적 고려 대상에 포함할 수 있음을 논증한다. 또한 싱어는 도덕 추론을 단순한 이론적 사유가 아니라 행위에 대한 판단과 그에 따른 실천을 이끌어 내기 위한 도구로 사용한다.

이러한 싱어의 면모가 가장 잘 드러나는 곳은 ≪동물 해방≫이다. 싱어는 이 책에서 원칙 설정 → 사실 확인 → 반론 검토 → 문제 발생 원인 분석 → 실천적 대안 제시로 이어지는 과정을 따르면서 동물을 도덕적 고려 대상으로 삼아야 한다고 주장한다. 구체적으로 싱어는 이익동등고려의 원칙을 도덕 판단의 궁극적 근거로 내세우며, 동물 실험과 공장식 농장에서 동물들이 겪는 고통을 최대한 객관적으로 보여 주기 위해 노력한다. 이어 싱어는 동물 해방 논리에 대한 비판을 효과적으로 반박하며, 왜 끔찍한 현실이 방치되고 있는지를 역사적·사회적·문화적 배경과 여러 요인을 통해 분석한다. 이렇게 원인을 규명한 후 싱어는 문제 해결을 위한 처방들을 제시한다. 이들 처방은 단순한 이상적 주장이 아니라 실제로 실천 가능한 것이며, 고통을 효과적으로 줄일 수 있는 방법이다.

이러한 싱어의 도덕 추론은 도덕적 사유가 책상 위의 논의에 그치지 않고 우리의 생활 방식을 바꾸며 세상을 조금 더 나은 방향으로 움직이는 힘이 될 수 있음을 보여 준다. 싱어의 도덕 추론은 오늘날 복잡한 윤리적 문제를 마주하는 우리에게 감정에 휘둘리지 말고 이성을 통해 더 넓고 공정하게 생각하라는 의미심장한 메시지를 던진다.

'차가운 이성주의자'라는 비판에 대한 대응

지금까지 살펴봤듯 싱어는 도덕적 삶에서 이성의 역할을 강조한다. 우리의 도덕 감정이나 직관이 신뢰성을 확보하기 어렵다고 보고, 그 대안으로 이성을 통해 원칙을 확립하고 이를 일관되게 적용할 것을 요구한다. 이 과정에서 싱어는 여러 도덕 감정을 경시하는 것처럼 보이기도 한다. 이처럼 이성을 강조하는 태도를 견지함으로써 싱어는 '차가운 이성주의자'라고 비판받기도 한다.

싱어가 이 같은 비판을 받는 이유 중 하나는 이성에 대한 그의 강조가 우리의 현실 도덕을 반영하지 못하기 때문이다. 가령 '가까이 있는 아동보다 멀리 있어도 더 고통받는 아동을 돕는 것이 도덕적으로 정당하다'는 주장은 사람들의 도덕 정서와는 간극이 있다. 부모, 자녀, 친구, 연인 등 특별한 관계에 있는 사람들에 대한 관심도 마찬가지다. 우리가 이익동등고려의 원칙의 설득력을 인정한다고 해도 과연 현실 속에서 이러한 사람들과 모르는 사람들의 이익을 동등하게 고려할 수 있을지, 그리고 실제로 그렇게 고려하는 것이 도덕적으로 정당한지는 논란의 여지가 있다(LaFollette, 2005: 135). 이러한 이유로 싱어의 윤리는 공리주의적 계산에만 치중한다는 비판을 받는다.

이러한 비판에 대해 싱어는 자신이 도덕 감정을 완전히 부정하는 것이 아니라 이러한 감정만으로는 충분하지 않음을 강조한다고 반박할 수 있을 것이다. 이성과 감정은 상호 보완적이다. 다시 말해 이성은 직관의 편향을 교정하고, 감정은 이성이 세운 원칙을 실천으로 옮기는 동력이 된다. 이처럼 싱어는 이성이 없다면 연민이 잘못된 방향으로 흐를 수 있고, 감정이 없다면 이성이 삶을 움직이지 못할 것임을 인정한다.

또한 싱어가 이성을 강조하는 것은 연민의 대상을 확장하기 위함이다. 이성은 차갑고 무정한 능력이 아니다. 오히려 이성은 우리의 도덕적 공감을 혈연과 공동체의 한계를 넘어 확장할 수 있도록 해 준다(Singer, 2012a: 4장). 싱어는 보이지 않는다고 해서, 우리의 이익과 상충된다고 해서 관심을 갖지 않거나 애써 외면하는 것은 재고의 여지가 있다고 생각한다. 만약 그러한 존재들이 고통 속에 놓여 있으면 우리의 감정이 움직이지 않아도 그들을 마땅히 배려하기 위해 노력해야 한다. 실제로 타인에게 더 많은 따뜻한 결과를 가져올 수 있는 것은 우리의 생래적 도덕 감정이 아니라 이성적 고려일 것이다. 이렇게 보면 '차갑다'는 평가는 언뜻 보았을 때의 모습에 대한 평가일 뿐, 싱어는 고통 속에 살아가는 더 많은 존재에게 더 많이 손을 내밀기 위해 이성을 사용한다고 보아야 할 것이다.

그럼에도 특별한 관계에 있는 사람들과 그렇지 않은 존재들의 이익을 동등하게 고려하는 것이 얼마만큼 정당화될 수 있는지는 중요한 논쟁점이다. 실제로 심리학 연구에 따르면 "사람들은 공평무사한, 이타적인 사람들을 오히려 도덕적이지 않거나 신뢰할 수 없는 사람으로 평가"(McManus et al., 2020: 240)하는 경향을 나타낸다. 이러한 결과는 보편적으로 이익을 고려해야 한다는 요구가 실제 인간의 도덕 판단에서는 쉽게 받아들여지지 않으며, 특정 관계에 대한 편향이 여전히 중요한 역할을 한다는 점을 보여 준다.

이 문제에 대해 철학자들은 상이한 해법을 제시해 왔으며, 논쟁은 여전히 계속되고 있다.

참고문헌

LaFollette, H.(1993). Personal Relationships. In Singer, P.(ed.). *A Companion to Ethics*. Wiley–Blackwell. 김성한 외 옮김(2005). "사적인 관계". ≪응용윤리≫. 철학과현실사.

McManus, R. et al.(2020). What We Owe to Family: The Impact of Special Obligations on Moral Judgment. *Psychological Science, 31*(3), pp. 227–242.

Singer, P.(1981). *The Expanding Circle*. Farrar, Straus and Giroux. 김성한 옮김(2012a). ≪사회생물학과 윤리≫. 연암서가.

Singer, P.(1990). *Animal Liberation*. Harper Perennial Modern Classics. 김성한 옮김(2012b). ≪동물 해방≫. 연암서가.

Singer, P.(2011). *Practical Ethics(3rd edition)*. Cambridge University Press. 황경식·김성동 옮김(2013). ≪실천윤리학≫. 연암서가.

04
진화론과 도덕

진화론은 여러 도덕규범이 우리의 생물학적 이타성에 의해 형성되었음을 드러내 우리가 당연하게 여겨 온 규범의 자명성에 의문을 제기하게 한다. 그러나 이러한 폭로 과정이 모든 도덕규범의 정당성을 무너뜨리는 것은 아니다. 싱어에 따르면 이성을 통해 정당화될 수 있는 보편 원칙은 여전히 그 지위를 유지할 수 있다. 이익동등고려의 원칙은 그 대표적 사례다. 싱어는 도덕의 기원을 밝히는 일이 규범의 정체를 폭로하는 데 그치지 않고 정당성을 띠는 원칙을 가려내는 데에도 기여하는 바가 있다고 생각한다.

싱어가 진화론에 관심을 기울이는 이유

진화론은 생명체가 어떻게 지금의 모습과 특성을 가지게 되었는지를 과학적으로 설명하는 학문 분야다. 생명체가 지닌 본성과 생래적 특성이 어떻게 형성되고 변화해 왔는지 이해하는 데 중요한 통찰을 제공한다. 싱어는 진화론에 큰 관심을 보이며, 특히 그 현대적 성과에 주목한다. 그 이유는 무엇일까?

싱어가 진화론에 관심을 보이는 이유는 공리주의자로서 사실 문제를 외면할 수 없기 때문이다. 공리주의는 행위가 초래하는 행복과 고통의 총량을 평가함으로써 옳고 그름을 판단하는 이론으로, 이 판단에 영향을 미칠 수 있는 사실들을 무시해서는 안 된다. 만약 진화론이 밝혀낸 인간의 경향성과 행동 원리를 무시한다면 잘못된 정책이나 제안으로 불필요한 고통을 초래할 위험이 있다. 반대로 이러한 사실을 올바로 이해하고 활용한다면 도덕 판단과 실천이 훨씬 큰 설득력을 얻고 사람들에게 도움이 될 수 있다. 이러한 이유로 싱어는 특히 유전자의 역할과 인간에게 부여된 생래적 특성에 주목한다. 비록 이 분야의 연구는 아직 걸음마 단계에 머물러 있지만, 관련 지식이 충분히 축적된다면 우리는 이를 바탕으로 더욱 합리적이고 유연한 행동

지침을 세울 수 있을 것이다.

싱어가 진화론에 주목하는 또 다른 이유는 그것이 인간과 비인간 동물 간 간극을 줄여 주는 정보와 통찰을 제공하기 때문이다. 진화론은 다양한 실증적 연구를 통해 인간과 동물의 차이가 본질적인 차이가 아니라 연속선상에서 나타나는 정도의 차이에 불과하다는 사실을 보여 준다. 예컨대 인간과 동물의 지능, 사회성, 감정 능력 등은 절대적 단절이 아니라 하나의 스펙트럼상에 놓여 있다.

이러한 통찰은 이미 찰스 다윈(Charles Darwin)에게서 분명하게 제시되었다. 다윈은 "교만하게도 인간은 자기 자신을 신성이 개입할 만한 가치를 지닌 위대한 작품이라고 생각한다. 그러나 인간이 동물에서 유래했다고 파악하는 것이 더욱 겸허하며 진실에 가깝다"(Darwin, 1987: 300)고 말하며, 인간을 예외적 존재로 신성화하려는 태도를 비판했다. 이는 동물해방론자로서 싱어가 적극 받아들이고자 하는 핵심 전제이기도 하다. 이처럼 진화론은 인간과 동물 사이의 경계를 절대화하는 전통적 인간중심주의를 해체하는 데 강력한 지원군이 될 수 있다.

싱어가 진화론에 관심을 갖는 세 번째 이유는 진화론이 도덕의 기원을 설명하는 중요한 통찰을 제공한다고 보기 때문이다. 혈연 이타성, 호혜성, 집단 이타성에 관한 진화론적 설명은 인간이 왜 타인의 고통에 공감하고 협력하려 하는지를 실증적으로 밝힌다. 싱어는 이러한 설명이 도덕의 기원에 대한 유력한 가설이 될 수 있음을 인정한다. 그러나 윤리학의 전 분야를 생물학으로 환원하려 한 사회생물학(sociobiology)의 주창자 에드워드 윌슨(Edward Wilson)의 시도에는 동의하지 않는다. 오히려 싱어는 진화론, 특히 사회생물학이 규범 윤리학에 직접적인 함의를 갖지 않는다고 단언한다(Singer, 2012: 132). 싱어는 사실과 가치가 엄연히 구분된다고 보기 때문에, 도덕에 대한 사회생물학적 설명을 곧바로 도덕적 정당화에 활용할 수는 없다고 주장한다.

그럼에도 싱어는 아득히 먼 옛날부터 오늘날의 도덕 이론 형성에 이르기까지 도덕 발달의 역사를 추적하는 작업이 여전히 의미가 있다고 본다. 이러한 역사적·진화론적 탐구가 규범적 정당화를 직접 제공하지는 않더라도, 우리가 현재 지닌 도덕적 신념과 실천이 어떠한 과정을 거쳐 형성되었는지 밝힘으로써 도덕 판단의 성격을 더 깊이 이해할 수 있게 하기 때문이다. 싱어는 바로 이러한 문제의식을 가지고 도덕의 기원과 발전 과정을 살피며 도덕의 본질에 대한 입장을 전개한다.

폭로 효과와 도덕적 진리

싱어는 ≪사회생물학과 윤리(The Expanding Circle)≫(1981)에서 생물학적 이타성만으로는 도덕에 대한 필요충분한 접근을 할 수 없다고 주장한다. 싱어에 따르면 생물학적 이타성에 이성 능력이 개입함으로써 도덕 발달이 이루어졌다. 즉 인류는 생물학적 이타성을 시발점으로 이성 능력을 발달시켜 관습 윤리를 형성했고, 이후 일관성을 확보하려는 노력의 결과로 보편주의 윤리를 수립하게 되었다.

이와 동시에 도덕적 배려의 범위도 점차 확장되어 왔다. 이 범위는 혈연관계에 기초한 가족에서 출발해 이웃과 소집단의 구성원으로, 이어서 국민과 인류 전체로까지 확대되었으며, 최근에는 동물에까지 이르렀다(Singer, 2012: 202). 싱어는 이러한 도덕적 확장의 과정을 살펴봄으로써 도덕 판단의 특징을 이해할 실마리를 찾을 수 있다고 본다.

이처럼 싱어는 도덕의 기원과 발전에 대한 이해를 통해 우리의 규범이 어떤 기원을 가지며 그 정당성이 어디에서 비롯되는지를 성찰할 수 있다고 본다. 싱어는 이러한 접근을 통해 '폭로 효과(debunking effect)'를 기대할 수 있다고 말한다. 여기서 폭로란 도덕 판단의 생물학적·문화적 배경을 밝혀냄으로써 그 판단의 근거를 비판적으로 재검토하게 하는 것을 뜻한다. 싱어는 이를 통해 도덕 판단의 타당성을 새로운 시각에서 평가할 수 있게 된다고 생각한다(Singer, 2012: 124 이하).

싱어는 폭로 효과를 기존 도덕규범의 허위를 드러내기 위해 사용하는 데 그치지 않고 선호 공리주의를 뒷받침하는 논리적 장치로 활용하려 한다. 다시 말해 싱어는 폭로 과정을 통해 우리가 당연시해 온 여러 도덕 신념의 특징을 드러내면서 선호 공리주의가 더욱 합리적이고 일관된 윤리 이론임을 부각하려 한다. 이렇게 보면 생물학적·문화적 설명을 통해 도덕 판단의 형성 과정을 드러내는 일은 단순히 기존 규범을 무너뜨리는 것이 아니라 이성에 근거한 보편적 윤리가 진리임을 내세울 수 있는 토대를 마련하는 작업이다.

싱어에 따르면 나를 둘러싼 주변 사람들에 대한 존중을 담은 규범들은 생물학적 설명을 통해 내재된 의미를 파악할 수 있다. 그것들은 생물학적 이타성이라고 불리는 우리의 혈연 이타성, 호혜성, 집단 이타성을 윤리의 이름으로 포장한 것에 불과하다. 많은 사람들은 이들 규범을 옳고 당연한 것으로 받아들이지만, 실제로 우리는 유전자의 영향을 받아 생물학적으로 주어진 이타성을 도덕적으로 옳다고 생각하고 있을 따름이다.

비슷한 맥락에서 '인간 생명의 존엄성'을 절대적 가치로 여기는 태도는 문화적 설명을 통해 이해될 수 있다. 싱어는 이러한 믿음이 유대-그리스도교적 전통에 뿌리를 두고 있다고 본다. 이 믿음은 인간을 다른 존재들과 근본적으로 구별되는 존재로 규정함으로써 인간 생명만을 특별히 신성시하는 도덕규범을 낳았다. 싱어는 이러한 신념이 초월적 진리의 반영이라기보다 특정 문화적·종교적 맥락에서 형성된 역사적 산물이라고 지적한다. 다시 말해 우리가 인간 생명을 절대적 가치로 여기는 것은 그것이 객관적 도덕 진리이기 때문이 아니라 특정 문화가 전제한 세계관이 오늘날까지 지속적으로 영향을 미친 결과다(Singer, 2013: 145).

그런데 이러한 정체 폭로로 모든 규범의 자명성에 의문을 제기할 수 있는 것은 아니다. 싱어에 따르면 이성적 직관에 의해 그 타당성이 직접적으로 파악되는 규범이 있다. 여기서 이성적 직관이란 헨리 시지윅(Henry Sidgwick)이 ≪윤리학 방법론(The Methods of Ethics)≫에서 공리주의가 자명한 도덕적 진리임을 뒷받침하기 위해 호소한 인식 방법으로(싱어, 2008: 70), 경험이나 감정에 의존하지 않고 스스로의 힘으로 어떤 규범의 타당성을 즉각 파악할 수 있는 이성의 능력을 말한다. 싱어에 따르면 이익동등고려의 원칙은 이성적 직관에 의해 그 타당성이 곧바로 파악되는 규범의 한 예다. 즉 이성에 의해 타당성이 즉각 파악되는 보편적 진리다.

이처럼 싱어는 이익동등고려의 원칙 등 보편적 관점을 취하는 일부 도덕 원칙을 제외한 수많은 규범들은 그 유래를 확인함으로써 자명성을 의심해 볼 수 있다고 생각한다. 싱어에 따르면 도덕규범은 생래적 이타성에 초점이 맞춰진 규범, 관습의 영향을 받고 있는 규범 그리고 이성에 의해 자명성이 확인되는 이성 능력의 산물로서 규범 등으로 나뉜다. 이 중에서 오직 마지막 경우만을 도덕적 진리로 간주할 수 있다. 즉 이성이 받아들인 판단만이 진리로서 자격을 가지며, 나머지 규범들은 그 유래를 확인함으로써 타당성을 재고해 보아야 한다(Singer, 2012: 254).

싱어의 입장에서 선호 공리주의가 진리임을 밝히는 것은 중요하다. 만약 그 이론이 진리가 아니라 단순한 주관적 선호에 지나지 않는다면 싱어가 현실 문제에 적용하며 설득력을 확보하고자 한 모든 노력이 수포로 돌아갈 수 있다. 사람들은 그 원칙을 받아들일 이유가 없으며, 얼마든지 다른 입장을 취할 수 있기 때문이다. 반대로 이익동등고려의 원칙이 진리임을 뒷받침할 수 있다면 싱어의 일관성 있는 원칙 적용은 설득력을 확보하게 된다.

조슈아 그린의 사유 실험과 도덕 판단의 이중 구조

최근 심리학자 조슈아 그린(Joshua Greene)은 싱어의 생각을 어느 정도 뒷받침하는 일련의 연구를 수행했다. 그린이 초점을 맞춘 것은 활차 문제(trolley problem)로 널리 알려진 사유 실험이다. 이 실험은 우리가 특정 상황에서 내리는 도덕 판단이 어떠한 인지적 근거에 바탕을 두고 있는지를 탐구하기 위해 고안되었다. 활차가 그대로 달릴 경우 다섯 명의 사람이 죽게 되지만, 전철기를 작동하면 한 명이 희생된다. 사람들 대다수는 이 경우 전철기를 움직여야 한다고 응답한다. 그러나 만약 활차를 멈추기 위해 인도교 위에 있는 사람을 밀어 떨어뜨려야 한다면, 사람들 다수는 그렇게 해서는 안 된다고 판단한다. 두 경우 모두 '한 사람을 희생해 다섯 사람을 살린다'라는 동일한 구조를 갖지만, 사람들의 판단은 달라진다.

그린은 이러한 판단의 차이를 정당화하려 하는 대신 왜 다른 판단이 내려지는지에 주목했다. 그린에 따르면 전철기를 움직이는 것은 '직접적으로 사람을 대상으로 하지 않은(impersonal)' 판단의 결과로, 정서적 반응이 거의 개입되지 않은 채 이성적 사고를 통해 이루어진다. 반면 사람을 직접 밀어 떨어뜨리는 것은 '직접적으로 사람을 대상으로 한

(personal)' 판단의 결과로, 강한 정서적 반응이 개입된다. 그린은 이를 fMRI(functional magnetic resonance imaging. 기능성 자기공명영상) 실험을 통해 확인했다(Greene et al., 2001: 2105-2107). 요컨대 사람들은 직접적으로 사람을 대상으로 한 판단에 대해서는 정서를 개입시키고, 그렇지 않은 판단에 대해서는 사유를 개입시킨다. 이를 도덕 판단의 발달사라는 측면에서 따져 보면 전자는 진화에 의해 생래적으로 주어진 감정, 후자는 이성 능력이 개입된 판단으로 간주할 수 있다.

그렇다면 이러한 구분은 싱어가 말하는 혈연 이타성, 호혜성, 집단 이타성과 어떤 관련이 있는가? 싱어가 인정하는 이 세 가지 이타성은 모두 특정한 관계나 반복적 상호작용을 전제로 작동하는 도덕적 반응이며, 그 판단 과정에서 정서가 우선적으로 개입한다는 공통 특징을 지닌다. 혈연 이타성은 유전적 친연성을 공유하는 대상에 대한 즉각적인 감정 반응에 기반하고, 호혜성은 반복적 상호작용 속에서 형성된 신뢰와 배신에 대한 정서적 반응에 의존하며, 집단 이타성 역시 '우리' 집단 구성원에 대한 정서적 연대를 토대로 작동한다. 이러한 점에서 싱어가 말하는 생래적 이타성들은 정서가 이성적 숙고에 앞서 도덕 판단을 형성한다는 점에서 그린이 '직접적으로 사람을 대상으로 한 판단'

에서 확인한 정서 개입 판단과 일정한 구조적 유사성을 지닌다.

그러나 엄밀히 말해 활차 문제에서 나타나는 정서 개입적 판단은 혈연이나 호혜성과 같은 관계적 정서에 기초한 것이 아니라, 타인에게 직접 해를 가하는 행위 자체에 대한 강한 정서적 거부감에서 비롯된다는 점에서 싱어가 말하는 생래적 이타성과 동일한 정서 기제라고 보기는 어렵다. 다시 말해 전자는 행위의 방식과 가해자의 역할에 반응하는 행위중심적 정서인 반면, 후자는 특정 대상과의 관계 속에서 형성된 호의와 연대의 정서에 기초한다. 그럼에도 두 경우 모두 이성적 숙고 이전에 자동적으로 작동하는 생래적 도덕 반응이라는 점에서 공통점을 지니며, 도덕 판단이 반드시 합리적 계산의 산물은 아니라는 사실을 보여 준다.

문제는 이러한 정서 기반 판단이 직접적인 관계나 상호작용이 없는 타자, 혹은 직접적 가해가 수반되지 않는 상황에서는 일관된 도덕 판단을 제공하지 못한다는 점이다. 바로 이 지점에서 싱어는 혈연, 호혜, 집단 소속과 같은 제한된 정서적 범위를 넘어 모든 이해당사자의 이익을 동등하게 고려해야 한다는 이익동등고려의 원칙을 제시한다. 이 원칙은 정서에 의해 편향되기 쉬운 도덕 판단을 교정하고, 낯선 타자나 미래 세대와 같이 직관적 공감이 쉽게 작동하지 않는 경우에도 일관된 판단 기준을 제공한다.

그린의 실험 결과는 도덕 판단이 정서적 기원과 이성적 기원으로 구분될 수 있음을 시사하며, 이러한 점에서 싱어의 주장과도 일정 부분 부합한다. 물론 싱어가 지적하듯 정서적 기원을 지닌 규범은 그 생물학적·문화적 배경이 드러나는 순간 자명성을 상실할 위험이 있는 반면, 이성에 의해 받아들여지는 규범이 그러한 기원 폭로 이후에도 정당성을 유지할 수 있는지는 별도의 논의를 요구한다. 그럼에도 싱어는 도덕적 진리를 단순히 오래된 관습이나 진화적으로 형성된 감정의 산물이 아니라, 이성적 숙고를 통해 정당화될 수 있는 규범으로 파악한다. 싱어는 이성에 근거한 사유 결과로서의 도덕적 진리가 존재함을 밝힘으로써, 주관주의에 빠지지 않으면서 이익동등고려의 원칙에 객관적 정당성을 부여하고자 한다.

참고문헌

피터 싱어 지음, 구영모 외 옮김(2008). ≪이 시대에 윤리적으로 살아가기≫. 철학과현실사.

Darwin, C.(1987). *Charles Darwin's Notebooks, 1836–1844.* Barrett, P. H. et al.(eds.). Cornell University Press.

Greene, J. et al.(2001). An fMRI Investigation of Emotional Engagement in Moral Judgment. *Science, 293,* pp. 2105–2108.

Singer, P.(1981). *The Expanding Circle.* Farrar, Straus and Giroux. 김성한 옮김(2012). ≪사회생물학과 윤리≫. 연암서가.

Singer, P.(2011). *Practical Ethics(3rd edition).* Cambridge University Press. 황경식·김성동 옮김(2013). ≪실천윤리학≫. 연암서가.

05

동물의 도덕적 지위

싱어는 이익동등고려의 원칙에 근거해, 고통을 느낄 수 있는 동물 역시 도덕적 고려의 대상이 되어야 한다고 주장한다. 공장식 축산과 동물 실험 등 현실의 고통을 제시하면서 인간중심주의를 비판하고, 가장자리 논증 등으로 반론에 대응한다. 이러한 논리를 통해 동물 해방을 실천적 윤리 과제로 제시한 ≪동물 해방≫은 동물 윤리의 토대를 마련했고, 동물권 운동과 정책 변화에 큰 영향을 미쳤다.

≪동물 해방≫의 역사적 의의

인류 역사상 동물들에게 도덕적 지위를 부여해야 한다는 주장이 제기된 것은 비교적 최근의 일이다(Singer, 2012: 14). 물론 불교처럼 육식을 금하는 종교적 전통이 없지는 않았지만 특히 서구에서 동물은 그저 수단으로서 가치만을 인정받아 왔다. 가령 아리스토텔레스는 인간을 최상위에 위치시키면서 그 하위의 존재인 동물들은 인간을 위해 존재한다는 위계적 목적론을 제시했고, 기독교에서는 오직 신의 형상에 따라 창조된 존재인 인간만이 삼라만상을 다스릴 수 있는 권한을 부여받은 것으로 이해했다. 이러한 관점은 서구의 전통이 되어 후대로 이어졌다. 17세기에 이르러 르네 데카르트(René Descartes) 같은 철학자는 동물을 사실상 사물과 다름없는 존재로 간주했다. 심지어 데카르트는 동물의 고통 반응이 자동인형의 반응에 불과하다고 말했다.

동물을 독자적인 배려 대상으로 인정하지 않는 이러한 태도는 동물에게 제한적인 도덕적 지위를 부여했던 이마누엘 칸트(Immanuel Kant) 역시 근본적으로 다르지 않았다. 칸트는 동물들이 자의식적 존재가 아니기 때문에 인간이 동물에 대한 직접적 의무를 갖지 않는다고 생각했다

(Kant, 1994: 28). 그럼에도 칸트는 동물 학대가 잘못이라고 주장했으며, 그 이유를 인간과의 관계에서 찾는다. 즉 동물을 함부로 대하면 인간을 대하는 태도 역시 거칠어질 수 있다는 점에서 동물 학대를 문제로 간주했다. 이처럼 칸트는 동물에 대한 관심을 인간에 대한 간접 의무로 환원한다. 이러한 동물 경시의 태도는 이후에도 오랫동안 지속되며, 심지어 강화되기도 한다.

이처럼 서구에서 도덕의 초점은 항상 인간에게 맞춰져 있었고, 윤리학사는 사실상 인간의 도덕적 지위를 구체적으로 어떻게 확보하는 것이 적절한지에 대한 논의의 역사였다고 해도 과언이 아니다. 이에 대해 싱어는 다음과 같이 말한다. "많은 철학자들은 기꺼이 인간은 모두 평등하다고 선언했지만, 동물은 왜 평등하지 않은지 결코 질문하지 않았다."(Singer, 1998: 47)

이는 싱어 개인의 평가에만 그치는 것이 아니라 관련 저서의 수에서도 확인된다. 싱어에 따르면 "동물의 도덕적 지위에 관한 저서는 기원후 1970년 동안 오직 94권만이 기록되어 있으며 1970년으로부터 목록이 완성된 1988년까지는 240권의 저서가 올라 있을 따름이다"(Singer, 2012: 479).

이러한 흐름은 18~19세기 공리주의와 인도주의 운동을 매개로 전환의 계기를 맞이한다. 공리주의의 주창자 벤

담은 "중요한 것은 그들이 이성적인가가 아니라 고통을 느낄 수 있는지의 여부다"(Bentham, 2011: 444)라고 주장함으로써 동물의 고통을 도덕적 고려 대상으로 삼을 기틀을 마련했다. 벤담의 이러한 주장의 함의를 간파한 싱어는 1975년 ≪동물 해방≫을 출간해 동물에게 도덕적 지위가 부여되어야 함을 세상에 널리 알린다. 이 책에서 싱어는 공장식 축산과 동물 실험에서 동물에게 가해지는 고통을 없애기 위해 노력해야 한다고 주장하면서 이에 상응하는 채식, 실험 대체, 법·정책 개선 등 개인적·제도적 실천을 촉구한다.

≪동물 해방≫은 동물권 운동의 성서(聖書)로 불릴 만큼 그 영향력이 컸다. 이처럼 싱어의 생각이 파급력을 가질 수 있었던 것은 무엇보다 그가 감정이 아니라 논리에 호소했기 때문이다. 싱어는 결코 동물이 귀엽거나 불쌍하기 때문에 배려해야 한다고 생각하지 않는다. 심지어 자신이 다른 사람들이 좋아하는 방식으로 개나 고양이 또는 말을 좋아한 적이 없다고 공언하기까지 한다(Singer, 2012: 15). 이러한 태도는 독자로 하여금 '정서적 호소' 대신 '이성적 설득'에 주목하게 만든다. 그렇다면 싱어는 어떤 논리로 사람들을 설득했을까?

동물 해방의 논리

싱어의 동물 해방 논리는 이익동등고려의 원칙을 출발점으로 삼아 동물도 인간과 마찬가지로 고통을 느낀다는 사실을 윤리 판단의 핵심 근거로 제시한다. 싱어는 공장식 축산, 동물 실험, 모피 산업 등에서 발생하는 실제 고통을 예로 들며, 이러한 행위가 정당화될 수 있는지 묻는다. 그리고 인간의 이익이 동물의 고통보다 우선할 수 없음을 논리적으로 변호함으로써 우리의 식습관과 소비 방식까지 재고하도록 요구하는 실천적 윤리 체계를 구성한다.

이러한 싱어의 입장은 동물 문제를 넘어 인간중심주의를 극복하고 도덕의 범위를 확장하려는 시도로 이해할 수 있다. 싱어가 동물 해방을 옹호하는 핵심 논리는 ① 도덕 원칙의 적용, ② 정확한 사실 파악, ③ 비판에 대한 대응으로 이루어진다.

도덕 원칙

싱어는 이익동등고려의 원칙을 동물 문제에 적용하면서 동물들에게 도덕적 지위를 부여할 수밖에 없다고 역설한다.

만약 이익이라는 것이 쾌락·고통과 관련되고, 이러한 이익을 동등하게 고려해야 한다면 우리는 누가 느끼건 상관없이 그러한 이익을 고려해야 할 것이다. 이러한 입장을 취할 경우 우리는 쾌락과 고통을 느낄 수 있는 모든 존재를 배려해야 한다. 이러한 존재에는 동물이 포함되며, 우리는 이들을 배려해야 한다. 싱어가 이러한 원리를 통해 부각하고자 하는 것은 동일한 고통은 동일한 고려 대상이 되어야 한다는 점이다. 여기서 우리가 인간인지 아닌지를 고려해서는 안 된다. 가령 인간이 100의 고통을 받고, 동물이 고통을 받지 않으면 인간을 우선 고려해야 하며, 그 반대인 경우는 동물을 우선 고려해야 한다. 싱어는 이것이 '동등한' 고려라고 생각한다.

이러한 원칙이 지향하는 바는 형식적 평등이 아니라 각 존재의 선호와 이익을 적절히 고려하는 실질적 평등이다. 이는 획일적이고 형식적인 처우의 평등을 의미하지 않으며, 어떤 이익을 지닌 존재인지에 따라 그 존재를 처우하는 방식이 달라질 수 있다. 가령 돼지의 이익을 동등하게 고려한다면서 돼지에게 진주 목걸이를 선물하는 것은 돼지의 이익을 제대로 고려한 것이 아니며, 이는 적절한 처우가 아니다. 거꾸로 돼지가 선호하는 조건, 가령 목욕을 할 수 있는 진흙을 제공한다고 해서 인간이 만족하는 것은 아니다.

우리가 선호를 적절하게 고려하려면 개체가 갖는 서로 다른 선호를 적절하게 파악하고 처우해야 하며, 이를 의식하지 않을 경우 이익을 '동등하게' 고려하지 못하게 된다.

사실의 문제

싱어는 ≪동물 해방≫에서 특히 공장식 농장과 실험실에서 동물들이 겪는 고통을 집중적으로 조명한다(Singer, 2012: 2-3장). 싱어가 이 두 영역에 주목하는 이유는 바로 이곳에서 동물들이 가장 극단적인 방식으로 고통을 당하고 있을 뿐 아니라 그 피해를 입는 개체의 규모 또한 압도적으로 크기 때문이다. 공리주의자인 싱어는 이와 관련한 사실을 최대한 객관적이고 정확하게 전달하기 위해 노력한다. 공리주의자에게 '사실(fact)'은 중요한 의미를 갖는다. 만약 누군가가 어떤 상황에서 고통받고 있다면 거기에 관심을 가져야 하기 때문이다. 여기서는 싱어가 집중적으로 검토하는 두 영역 가운데 공장식 농장에서 벌어지는 일들만을 간단히 언급해 보자.

공장식 농장에서 사육되는 동물들은 태어나는 순간부터 다양한 방식으로 극심한 고통에 시달린다. 그들의 삶은 말 그대로 고통으로 점철되어 있다고 해도 과언이 아니다. 그들은 좁디좁은 공간에서 몸을 돌릴 여유조차 없이 평생을 갇혀 살아야 한다. 이는 단지 사육 과정에서 운동을 허용할 경우 고기로 전환되는 살의 양이 줄어들기 때문이다. 이들은 고통을 줄여 줄 어떠한 조치도 없이 부리 자르기, 꼬리 절단, 거세와 같은 잔인한 시술을 당하기도 한다. 생산자는 최소한의 비용으로 동물을 더 빨리 성장시키려 하고, 더 빨리 살을 찌우려 하며, 동물들은 그 욕망의 희생양이 될 뿐이다. 이러한 인위적 조치는 수많은 부작용과 질병을 불러와 동물들을 더욱 고통스럽게 한다.

이 모든 과정은 동물들에게 극심한 스트레스를 안기는데, 본능이 억압된 동물들은 그 반작용으로 무의미한 행동을 반복하거나 무기력 상태에 빠지고 만다. 더 심각한 문제는 이러한 고통이 일시적으로 끝나는 것이 아니라 그들의 삶 전체를 지배한다는 점이다. 결국 우리의 식탁에 오르기까지 동물들의 삶은 철저히 고통으로 채워진다.

오늘날의 축산 시스템은 이러한 동물의 고통을 고려하지 않은 채 오직 생산자의 이익 극대화만을 추구하고 있다. 싱어는 이러한 구조가 단순히 생산 시스템의 문제가 아니라 인간중심적 도덕관의 산물임을 지적하며 이를 극복하기 위한 실천적 대안으로 채식을 제안한다.

비판에 대한 대응

이익동등고려의 원칙을 이용해 동물들에게 도덕적 지위를 부여하는 방법은 싱어의 동물 해방 논리의 절반에 해당한다. 나머지 절반은 동물 해방 논리에 대한 비판에 적극 대응하는 것이다. 싱어는 동물들의 고통을 외면하게 하는 여러 주장에 일일이, 그것도 설득력 있게 대응한다. 만약 이러한 대응이 없었다면 동물 해방은 공허한 주장에 머물렀을 것이다. 몇 가지 예를 들어 보자.

사람들은 동물과 인간의 차이를 근거로 동물에 대한 차별을 정당화하려 한다. 가령 인간은 이성적인데 동물은 그렇지 않으므로 동물에 대한 차별을 정당화할 수 있다고 여긴다. 이러한 논리에 대해 싱어는 소위 '가장자리 논증(marginal cases argument)'을 제시함으로써 대응한다. 가장자리 논증이란 정상적인 성인들이 갖춘 일부 특징을 갖추지 못한 사람들이 있음을 환기하는 방식으로 이루어지는 논증이다(Singer, 2012: 484). 가령 우리는 이성 능력의 유무를 기준으로 동물을 차별할 수 있다고 생각한다. 이는 다음과 같은 방식으로 반박된다. "인간 중에도 영아, 심각한 지적장애인, 식물인간처럼 이성 능력을 적절히 활용하지 못하는 사람들이 있는데, 만약 이성이 도덕적 고려의 기준이라면 이들 역시 차별의 대상이 되어야 하지 않을까?" 우리는 이러한 생각을 받아들일 수 없으며, 그렇다면 동물 또한 이성 능력을 갖추지 못했다고 해서 차별 대상이 될 수는 없을 것이다.

흔히 제기되는 또 다른 반론은 "식물도 고통을 느끼지 않는가?"라는 주장이다. 아마도 이는 식물과 동물이 모두 고통을 느낀다면 굳이 채식을 선택하면서 육식을 포기할 이유가 없다고 주장하기 위한 질문일 것이다. 싱어는 ① 행동이나 표정상의 변화, ② 신경생리학적 변화, ③ 중추신경계의 유무를 고통을 느낄 수 있는지 판별하는 기준으로 제시하고, 이러한 기준으로 보았을 때 식물이 고통을 느낀다고 말할 수 없다고 반박한다(Singer, 2013: 118). 식물은 자극에 반사적으로 반응할 뿐 중추신경계를 갖지 않고 의식적 경험을 할 수 없기에 고통을 '느낀다'고 말할 수 없다. 싱어에 따르면 도덕적 고려 대상은 일정한 신경학적 특성과 감각능력을 갖춘 동물에 국한된다.

"동물들도 서로 잡아먹는데 왜 우리는 잡아먹어서는 안 되는가?"라는 질문에 대해 싱어는 동물들이 다른 동물을 잡아먹는 것은 생존 본능에 따른 행동인 반면, 인간은 도덕적으로 숙고할 수 있는 능력과 대안을 선택할 자유를 지닌 존재라는 차이를 지적한다. 동물과 달리 인간에게는 동물과 같은 본능적 행동이 아니라 고통을 줄이는 선택을 할 책임이 있다. 이는 동물들이 잡아먹는 것과 인간이 잡아먹는 것의 차이가 된다(Singer, 2013: 119).

싱어는 동물을 도덕적으로 고려해야 한다는 주장을 뒷받침하는 이들 논리가 동물 해방뿐 아니라 인간 해방을 위한 논리이기도 함을 강조한다. 그러면서 동물 해방이 인간의 건강, 환경, 기아 문제와도 긴밀히 맞닿아 있다고 지적한다. 동물성 식품의 과도한 소비는 현대인의 주요 질병과 직결되며, 공장식 축산은 글로벌 환경 파괴와 기후 위기의 주요 원인이 된다. 또한 막대한 곡물 자원이 가축 사육에 투입됨으로써 인류 전체의 기아 문제가 심화된다.

이처럼 싱어는 동물 해방을 지지할 만한 강력한 근거들을 제시하고, 흔히 제기되는 반론에도 효과적으로 대응함으로써 자신의 주장이 실천 가능한 윤리적 과제가 될 수 있음을 보여 주려 한다. 실제로 이러한 노력은 커다란 성공을 거두었다. ≪동물 해방≫은 학문적으로는 동물 윤리의 기초가 되었고, 사회적으로는 동물권 운동과 채식 문화의 확산을 촉발했으며, 정치적으로는 법과 정책 변화에 영향을 미친 전환점으로 평가된다.

참고문헌

Bentham, J.(1970). *An Introduction to the Principles of Morals and Legislation.* Clarendon Press. 고정식 옮김(2011). ≪도덕과 입법의 원리 서설≫. 나남.

Kant, I.(1994). We Have Only Indirect Duties to Animals. In Pojman, L. P.(ed.). *Environmental Ethics: Readings in Theory and Application.* Wadsworth.

Singer, P.(1990). *Animal Liberation.* Harper Perennial Modern Classics. 김성한 옮김(2012). ≪동물 해방≫. 연암서가.

Singer, P.(1998). *Ethics into Action.* Rowman & Littlefield Publishers.

Singer, P.(2011). *Practical Ethics(3rd edition).* Cambridge University Press. 황경식·김성동 옮김(2013). ≪실천윤리학≫. 연암서가.

06
생명 윤리와 도덕 자율성

선호 공리주의를 옹호하는 싱어는 인간의 생명이 절대적 가치를 지니지 않는다고 보고, 개체가 인격체인지 여부와 선호 충족 가능성을 기준으로 낙태와 안락사를 조건부로 허용한다. 중증 장애 영아, 식물인간, 회복 가능성이 없고 극심한 고통에 놓인 환자의 경우 생명 유지가 당사자와 주변의 이익을 오히려 해친다면 생명을 종결하는 결정이 합리적일 수 있다고 주장한다. 이러한 입장은 인간 생명의 예외성과 존엄성을 중시하는 이들의 강한 반발을 불러일으켰다.

공리주의의 논리와 사회적 논란

우리의 상식과는 다소 다른 공리주의의 논리적 귀결은 빈자와 인간 아닌 동물 등 약자에 대한 관심을 촉발하는 강력한 논변으로서 역할을 톡톡히 해냈다. 하지만 인간중심주의에서 벗어나 인간의 생명에 대해서도 특별한 예외성을 인정하지 않는 싱어의 입장은 또 다른 사회적 약자와 인간 생명의 존엄성을 옹호하는 사람들의 분노를 촉발하기도 했다. 고통 제거에 초점을 맞추는 싱어는 안락사를 허용해야 한다는 입장을 취했고, 이는 자칫 원치 않은 죽음을 맞이할 수도 있는 장애인들의 빈축을 샀다. 또한 싱어는 인간의 생명에 외적 의미를 부여하지 않으면서 더 많은 고통 야기를 방지하기 위해 낙태가 허용되어야 한다고 주장했는데, 이는 기독교 원리주의자들의 분노를 불러일으켰다(Singer, 2012: 470). 싱어는 공리주의의 논리를 일관되게 적용해 안락사와 낙태에 관한 결론에 이르렀으나, 그 결론에 이른 과정이 외면당한 채 일련의 차별을 옹호하는 철학자로 몰렸다.

1999년 프린스턴대학교로 옮겨 갈 당시 싱어는 우익 보수 기독교인들의 협박을 받았고, 프린스턴에서 첫 강의를 하던 날 장애인들은 싱어의 강의에 항의하는 시위를 벌였다. 싱어의 입장에서 이는 억울할 수밖에 없는 처사였다. 싱어가 밝히듯 "[안락사에 대한] 나의 입장은 특이한 것이 아니다. 유사한 입장의 다른 철학자들이 이미 미국 내에서 강의를 하고 있음에도 나에게만 유달리 초점을 맞추어 공격하는 것은 이해가 잘되지 않는다"(Singer, 2012: 470). 실제로 누군가가 공리주의적 입장을 취한다고 할 때 싱어와 같은 결론에 도달하리라는 것은 철학을 전공한 사람이라면 어느 정도 예상할 수 있는 바다(Rachels, 2009: 370 이하). 그럼에도 싱어에게 유독 비난의 화살이 쏟아진 것은 그가 대중적인 철학자이기도 하고, "다수의 독자의 관심을 끌기 위해 전문적인 특수 용어를 사용하지 않고 명쾌하게 글을 쓴다는 사실과도 어느 정도 관계"(Singer, 2012: 470-471)가 있을 것이다. 그럼에도 싱어가 취하는 입장은 그와 다른 견해를 지닌 사람들의 공분을 불러일으킬 여지가 있었다. 이는 공평무사성을 강조하는 선호 공리주의의 생명관에 기인한다.

선호 공리주의의 생명관

싱어는 의식적 존재와 자의식적 존재를 구분하며, 생명의 도덕적 가치가 이러한 구분에 따라 달라질 수 있다고 주장한다. 싱어는 이 구분을 바탕으로 '쾌락과 고통을 느낄 수 있는 존재를 어떻게 처우해야 하는가'라는 문제를 한층 심화해 논의한다. 싱어에 따르면 고통과 행복은 쾌고 감수 능력이 있는 존재를 처우할 때 어떤 경우에도 반드시 고려되어야 한다. 어떤 존재가 고통을 싫어하고 행복을 선호한다는 것은 자명하며, 선호 공리주의의 입장을 취하면 그 존재의 선호는 도덕적으로 존중받아야 할 대상이 된다.

그런데 이처럼 상식적으로 보이는 입장을 '생명' 문제에 적용하면 사정은 단순하지 않다. 심지어 우리가 좀처럼 허용하지 않을 듯한 입장을 옹호해야 하는 경우도 생길 수 있는데, 그 대표적인 경우가 안락사와 낙태 문제다. 인간은 일반적으로 '생명 자체'보다 '인간의 생명'을 더 소중히 여기며, 이를 신성한 것으로 간주해 오기도 했다. 이러한 관념은 오랫동안 의심받지 않았고, 지금도 여전히 많은 사람에게 당연하게 여겨진다. 특히 과거에는 인간의 생명이 신에 의해 부여된 것이라는 신념이 널리 퍼져 있었기에 그 신성함에 대해 문제를 제기하는 경우는 거의 없었다.

그러나 이러한 전통적 관념은 더 이상 자명한 전제로 받아들여지기 어려운 상황에 놓여 있다. "코페르니쿠스 이전의 우주론처럼 전통적인 인간 생명의 신성성 원리는 오늘날 큰 어려움에 처해 있다. 그 옹호자들은 그 내부에서 생긴 허점을 메우느라 애쓰고 있다."(Singer, 1994: 188)

근대 이후에는 바로 이러한 문제의식 속에서 인간 생명의 지위를 재검토하려는 입장들이 등장했으며, 선호 공리주의는 그 대표적 사례다. 이러한 입장에 따르면 인간의 생명은 절대적이거나 불가침한 가치를 갖지 않으며, 상황과 맥락에 따라 선택되고 조정될 수 있다.

유의해야 할 것은 선호 공리주의가 이러한 입장을 취한다고 해서 인간의 생명을 가볍게 여기는 것은 아니라는 점이다. 선호 공리주의는 인간의 생명이 대개 다른 존재들의 생명보다 중요하다는 것을 인정한다. 가령 싱어는 "다양한 생명의 가치를 위계적 서열 속에 위치시키는 것이 필연적으로 종차별주의적인 것은 아니다"(Singer, 2013: 171)라고 말한다.

그렇다면 싱어는 생명의 위계를 어떤 기준에 따라 결정하는가? 싱어가 제시하는 기준은 어떤 존재가 인격체(person)인지의 여부다. 여기서 인격체란 "자의식, 자기통제, 미래감, 과거감, 타인과 관계 맺는 능력, 의사소통, 호기심 등"(Singer, 2013: 141)을 지닌 존재를 말한다. 달리 말해 인격체란 "자의식적이거나 합리적인 존재"(Singer, 2013: 143)를 일컫는다.

언뜻 보았을 때 이러한 입장은 선호 공리주의의 입장을 떠나 칸트와 유사하게 이성 능력에 초점을 맞추어 생명의 경중을 판단하는 것처럼 보인다. 하지만 이는 오해다. 싱어가 인격체의 생명을 앗아 가는 것이 비인격체의 생명을 앗아 가는 것보다 더 큰 잘못이라고 주장하는 이유는, 전자가 이성 능력이 있고 후자는 없기 때문이 아니라 전자에게 죽임이 미래에 충족되어야 할 선호를 박탈하는 데 반해 후자에게는 그러지 않기 때문이다. 인격체를 죽이는 것은 "그 희생자가 앞으로 며칠, 몇 달, 심지어 몇 년 동안 하고자 했던 모든 것을 무의미하게 만든다"(Singer, 2013: 153). 반면 비인격체는 "자신의 미래에 대해 선호를 가질 수 없다"(Singer, 2013: 153). 비인격체는 그저 현재에 충실할 뿐 미래에 대한 계획을 세운다거나 미래에 충족하고자 하는 욕구를 가질 수 있는 능력이 없다. 따라서 이러한 존재에게는 미래에 충족해야 할 선호를 고려할 이유가 없다.

싱어는 어떤 존재가 호모 사피엔스의 성원이라고 해서 반드시 인격체는 아니며, 그 반대도 마찬가지라고 주장한다. 호모 사피엔스의 성원 중에서 자의식적이거나 합리적이지 못한 사람들이 있을 수 있고, 호모 사피엔스의 성원이 아닌 존재들 가운데서도 자의식이나 합리성을 갖춘 존재가 있을 수 있기 때문이다. 이러한 구분에 기초해 싱어는 도덕적 고려의 기준을 생물학적 종이 아니라 인격체성에 두어야 한다고 보며, "모든 인간의 생명이 독특한 가치를 가진다는 생각에서 모든 인격체의 생명이 독특한 가치를 가진다는 생각으로 전환"할 것을 권고한다(Singer, 1980: 235). 싱어는 이와 같은 기준을 낙태와 안락사 등 생명 윤리 문제에 일관되게 적용해 일정한 결론을 도출한다.

낙태와 안락사에 대한 적용

싱어는 초기 태아뿐 아니라 후기 태아(임신 18주 이후의 태아)를 낙태할 수 있다고 주장한다(Singer, 2013: 248). 물론 이들에 대한 낙태가 이루어지려면 직간접적으로 관련된 모든 사람에게 이익이 될 수 있음이 명백해야 할 것이다. 싱어가 태아들에 대한 낙태가 이루어질 수 있다고 생각하는 이유는 한마디로 이들이 호모 사피엔스의 예비 성원이기는 하지만 인격체가 아니기 때문이다. 이 중에서 초기 태아는 비교적 별다른 문제 없이 낙태가 이루어질 수 있지만, 후기 태아의 낙태는 훨씬 신중을 기해야 한다. 왜냐하면 임신 18주가 지나면서 통증과 연관되는, 더욱 일반적으로는 의식과 연관되는 대뇌 피질이 발달하면서 의식이 있는 존재가 될 가능성이 높아지기 때문이다(Singer, 2013: 247). 그럼에도 싱어는 "태아와 비슷한 수준의 합리성, 자의식, 의식, 감각능력 등을 가진 동물의 생명에 부여하는 것 이상의 가치를 태아의 생명에 부여하지 말자"(Singer, 2013: 246)고 제안하면서 이러한 태아에 대한 낙태마저 허용할 여지를 남긴다. 이 경우에도 싱어는 종차별주의적 태도를 배격하면서 일관성 있게 선호 공리주의적 입장을 적용하고 있다. 어떤 의식적인 동물을 고통 없이 죽일 수 있다면, 단지 호모 사피엔스라는 이유만으로 비슷한 수준의 의식을 지닌 인간의 생명을 더 소중히 여길 이유는 없다고 주장한다.

더 나아가 싱어는 중증 장애 영아에 대한 안락사도 허용해야 한다고 주장한다(Singer, 2013: 286 이하). 중증 장애 영아들은 인격체가 아니라 의식적인 존재에 머물러 있으며, 미래에 대한 선호를 가질 수도 없다. 이러한 아이들은 살아 있으면서 고통만을 느낄 뿐이며, 몇 년 동안 희망 없는 치료가 이루어지면서 가족들에게 정신적·물질적 피해를 주게 된다. 그뿐 아니라 그러한 아이가 수십 년 동안 생존할 가능성도 사실상 없다. 이러한 상황에서는 안락사가 대안일 수 있다는 것이다.

그렇다면 이러한 기준은 성인의 안락사 문제에 어떻게

적용되는가? 성인의 안락사는 환자의 의사(意思)에 따르는지, 의사(醫師)가 어떤 의료 행위를 했는지 등에 따라 몇 가지 방식으로 분류될 수 있다. 여기서는 환자가 의사 결정을 내릴 수 없는 상태에서 이루어지는 비자발적 안락사와, 환자의 명시적 요구에 따라 의사가 독극물 등을 투입해 죽음에 이르게 하는 적극적 안락사만 살펴보자.

먼저 싱어는 의사 결정을 내릴 수 없는 상태에 놓인 식물인간에게는 안락사가 이루어질 필요가 있다고 주장한다. 물론 여기에 일정한 제한이 따라야 한다는 것은 말할 것도 없다. 하지만 싱어의 생각에 단지 생물학적으로 살아 있다는 것 외에 별다른 의미가 없는 생존은 아무런 선호를 충족하지 못한다. 더 나아가 싱어는 그러한 생존이 주변 사람들의 선호에 부정적 영향을 미친다는 점 역시 안락사 허용을 뒷받침하는 이유가 될 수 있다고 본다. "혼수상태에 있지 않고 의식은 있으나 자의식이 없는 존재의 생명은 만약 그들이 고통보다도 기쁨을 더 많이 경험한다면, 혹은 충족될 수 있는 선호를 가진다면 가치를 가진다. 그러나 그러한 삶이 전체적으로 비참하다면 그러한 존재를 살아 있도록 할 이유를 발견하기는 어렵다."(Singer, 1997: 228)

싱어는 비자발적 안락사를 허용해야 한다는 데서 한 걸음 더 나아가 자발적 안락사 또한 허용될 수 있다고 주장한다. 반복되는 이야기지만 싱어의 입장에서 중요한 것은 선호를 가질 수 있는지와 그러한 존재의 이익이다. 그런데 자신을 죽여 달라고 요구하는 환자는 쾌고 감수 능력을 지니고 있으며, 미래에 대한 선호를 가질 수 있는 존재다. 여기서 중요한 것은 환자가 처해 있는 상태다. 만약 어떤 환자가 현대 의료 기술로는 소생할 가능성이 없고, 극복할 수 없는 고통에 시달리다가 결국 삶을 마감할 수밖에 없다면 싱어는 그 환자의 안락사를 허용해야 한다고 주장한다. 요컨대 싱어는 객관적으로 보았을 때 환자의 미래가 고통, 특히 육체적 고통 외에 사실상 아무것도 남아 있지 않은 상황에서는 안락사가 정당화될 수 있다고 주장한다. “만약 안락사가 법제화되지 않는다면 실제적으로 죽을 때까지 병에 시달릴 환자들이 겪을 엄청난 양의 아픔과 고통을 생각해 보아야 할 것이다.”(Singer, 1997: 234)

분명히 해야 할 점은 싱어가 낙태나 안락사에 대한 무조건적 허용을 옹호하지 않는다는 것이다. 싱어는 단지 공리주의 원리를 일관성 있게 적용할 뿐이고, 이러한 적용의 귀결로 상황에 따라 낙태나 안락사가 허용될 수 있다고 주장할 따름이다. 이러한 주장이 전통적 견해에 비해 인간 생명의 가치를 보장해 주지 못할 수도 있고, 이는 어느 정도 사실이다. 하지만 싱어의 입장에서 인간 생명에 대한 예외성을 고수하면 "이성은 무용지물이 되어 버리며, 사실상 사람들에게 좋은 것이 생명이 갖는 '가치'라는 추상적인 개념에 희생"되어 버릴 수도 있다(Rachels, 2009: 373).

참고문헌

Rachels, J.(1999). *Created from Animals.* Oxford University Press. 김성한 옮김(2009). ≪동물에서 유래된 인간≫. 나남.

Singer, P.(1980). Animals and the Value of Life. In Regan, T.(ed.). *Matters of Life and Death.* Temple University Press.

Singer, P.(1990). *Animal Liberation.* Harper Perennial Modern Classics. 김성한 옮김(2012). ≪동물 해방≫. 연암서가.

Singer, P.(1993). *Practical Ethics(2nd edition).* Cambridge University Press. 황경식·김성동 옮김(1997). ≪실천윤리학≫. 철학과현실사.

Singer, P.(1994). *Rethinking Life and Death: The Collapse of our Traditional Ethics.* St. Martin's Griffin.

Singer, P.(2011). *Practical Ethics(3rd edition).* Cambridge University Press. 황경식·김성동 옮김(2013). ≪실천윤리학≫. 연암서가.

07
선호중심주의 환경 윤리

과거의 인간중심주의는 심각한 환경 파괴로 한계를 드러냈으며, 이에 대응하는 새로운 환경 윤리가 등장했다. 생명중심주의와 생태중심주의는 생명체나 생태계 전체의 가치를 강조했으나, 현실 적용이 어렵고 인간 이익과 충돌한다는 비판을 받았다. 이와 달리 싱어는 유정적 존재의 이익을 도덕적 고려의 기준으로 삼는 선호중심주의 환경 윤리를 제시한다. 열대우림 파괴와 공장식 축산의 환경적 폐해를 지적하며, 기후 위기 대응을 위한 실천적 방안으로서 채식의 필요성을 제기한다.

인간중심주의의 한계와 새로운 환경 윤리의 대두

역사적으로 환경 윤리에서 가장 유력했던 관점은 인간중심적 관점이다. 예를 들어 아리스토텔레스는 인간을 최상위에 두고 그 하위 존재인 동물과 식물을 인간을 위한 수단으로 파악했다. 기독교는 인간을 신으로부터 이 세상을 다스리라는 명령을 받은 존재로 간주했다. "하나님이 그들에게 복을 주시며 그들에게 이르시되 생육하고 번성하여 땅에 충만하라, 땅을 정복하라, 바다의 물고기와 하늘의 새와 땅에 움직이는 모든 생물을 다스리라 하시니라"(창세기 1장 28절)와 같은 구절은 자연이 인간을 위해 창조되었고, 인간은 자연을 지배할 권리를 지닌다는 서구의 전통을 뒷받침하는 근거가 되었다(Singer, 2012: 317-318). 17세기의 학자 프랜시스 베이컨(Francis Bacon)은 이러한 전통을 물려받아 자연을 탐구와 지식으로 정복해야 한다는 입장을 견지했다.

이러한 태도는 과학과 문명의 발전에 도움이 되기도 했다. 하지만 18~19세기 산업혁명 이후 본격적으로 가시화된 환경 파괴는 인간중심주의의 한계를 드러냈고, 점차 심각해지는 환경 문제에 대응하기 위한 새로운 시각이 요구되었다. 이에 따라 인간만이 아니라 모든 생명, 혹은 고통을 느낄 수 있는 존재들, 더 나아가 생태계 전체를 고려해야 한다는 논의들이 속속 등장했다. 생명중심주의와 선호중심주의 그리고 생태중심주의는 그 사례들이다.

생명중심주의는 인간뿐 아니라 살아 있는 생명이 모두 존중받아야 하며, 따라서 배려의 대상이어야 한다는 입장을 취한다. 이러한 입장의 대표자는 알베르트 슈바이처(Albert Schweitzer)다. '생명 외경 사상'으로 알려진 슈바이처의 입장에 따르면 모든 생명은 살려는 의지를 가지며, 그 자체로 존중받아야 한다. 이러한 존중의 대상에는 인간은 물론 동물과 식물, 심지어 미생물까지 포함된다.

일견 이러한 사상은 생명의 보편적 가치를 강조한다는 점에서 설득력 있게 들린다. 하지만 이 입장을 실제로 받아들이기는 어렵다. 만약 모든 생명을 동등하게 고려한다면 우리가 굶어 죽을 수밖에 없는 상황에 놓일 가능성도 배제할 수 없다. 또한 인간에게 심각한 폐해를 끼치는 병원균이나 해충 또한 제거해서는 안 된다고 해야 할 텐데, 이 또한 받아들이기 어려운 생각이다. 따라서 생명중심주의는 언뜻 보았을 때는 그럴듯하지만 막상 현실에 적용할 수 없는 입장이다.

아르네 네스(Arne Næss)의 심층생태학(deep ecology)과 알도 레오폴드(Aldo Leopold)의 대지 윤리(land ethics)는

생명을 지닌 존재를 넘어 생명이 없는 존재에까지 가치를 부여한다는 점에서 문제의식을 공유한다. 이들은 자연을 단순히 인간의 이용 대상이나 자원으로 간주해 온 기존 인간중심적 관점을 비판하며, 토양·강·산·숲과 같은 자연의 구성 요소들 역시 생태계의 일부로서 고유한 가치를 지닌다고 본다. 이 가운데 네스는 이러한 관점을 존재론적으로 정초한다. 인간을 포함한 모든 생명체를 "생명권(生命圈)의 그물망 또는 내재적 관계의 장(場)에 속한 매듭들"(Næss, 1995: 3)로 규정함으로써 개별 존재들이 상호 분리된 실체가 아니라 관계 속에서 성립하는 존재임을 강조한다. 반면 레오폴드는 이러한 인식을 윤리 원칙으로 구체화해 윤리란 "공동체의 범위를 흙, 물, 식물과 동물, 곧 집합적으로 대지를 포함하도록 확대하는 것"이라고 정의한다(Leopold, 1949: 204).

이러한 관점에서 볼 때, 인간의 도덕적 책무는 동물과 식물뿐 아니라 이들을 지탱하는 생태계 전체를 존중하고 보전하는 데까지 확장되어야 한다. 이는 인간중심주의를 넘어서는 근본적 전환을 촉구하며, 생태 위기에 대응하는 이론적 기반을 제공한다.

이러한 사상들은 환경 윤리의 지평을 확장했다는 점에서 의의가 크다. 그러나 그들이 제시하는 윤리적 요청은 우리의 일상적 상식과는 다소 거리가 있다. 먼저 네스는 인간을 특별히 예외적으로 고려해야 할 존재가 아니라 다른 존재들과 더불어 자연의 동등한 구성원으로 본다. 그런데 이러한 입장을 받아들인다면 바위와 같은 무생물과 인간의 이익이 충돌할 때 인간의 이익을 우선시해야 할 이유를 분명하게 제시하기 어렵다. 레오폴드의 대지 윤리 또한 유사한 비판에서 자유롭지 않다. 생태계 전체의 안정을 최고의 기준으로 삼는다면 지구 생태계 교란에 가장 큰 책임이 있는 존재인 인간은 차라리 사라지는 편이 낫다고 결론지을 수도 있을 것이다. 아무리 자연의 가치가 중요하다고 해도, 이러한 결론을 실제로 받아들이기는 거의 불가능하다.

선호중심주의 환경 윤리

생명이나 생태에 초점을 맞추는 입장과는 달리, 선호중심주의는 개체의 선호에 관심을 갖는다. 선호공리주의자인 싱어는 이 같은 입장을 취한다. 싱어는 도덕적 고려의 기준을 생명이나 생태계 자체가 아니라 모든 유정적 존재의 이익에 미칠 영향에 두어야 한다고 주장한다(Singer, 1997: 335). 싱어의 이러한 착상은 이익동등고려의 원칙을 환경 문제로 확장해 적용한 것이다. 싱어는 이익을 동등하게 고려해야 한다는 원칙에 따라 인간뿐 아니라 선호를 갖는 모든 존재가 도덕적 배려의 대상이 되어야 한다고 말한다.

모든 존재의 이익에 초점을 맞추는 이러한 입장은 자연스레 인간중심주의를 넘어선다. 이익을 갖는 존재가 인간에 국한되지 않기 때문이다. 이처럼 탈인간중심주의를 지향한다는 점에서 싱어의 환경 윤리는 생태중심주의나 생명중심주의와 공통점을 갖는다. 하지만 이들과 달리 싱어는 환경이 그 자체로는 도덕적 배려의 대상이 되지 않는다고 생각한다. 환경은 고려해야 할 아무런 이익도 갖추고 있지 않기 때문이다. 이러한 논리에 따르면 강이나 산과 같은 무생물 자연은 직접적인 도덕적 지위를 갖지 않는데, 이는 싱어의 입장이 생태중심주의와 다른 지점이다.

싱어의 환경 윤리는 생명중심주의와도 입장을 달리한다. 생명중심주의가 생명 자체를 중요하게 생각하면서 모든 생명을 존중의 대상으로 삼아야 한다고 주장한다면, 싱어는 생명체 중에서 유정적 존재만이 도덕적 지위를 갖는다고 생각한다. 이런 입장에서 식물들은 그 자체로 도덕적 지위를 갖는 존재가 아니다. 그들은 다른 목적을 위한 수단으로서 가치만을 가질 따름이다.

그럼에도 싱어는 우리가 자연을 보호해야 한다고 주장

한다. 자연이 선호를 갖는 살아 있는 존재들과 미래 세대들이 살아가는 터전이기 때문이다(Singer, 2013: 422 이하). 자연이 존재하지 않는다면 그 안에서 살아가는, 그리고 살아갈 유정적 존재들은 생존할 수 없을 것이다. 우리가 그들의 이익을 고려한다면 자연에 관심을 갖지 않으면 안 된다. 이처럼 싱어는 우리가 환경에 관심을 기울여야 하는 이유를 그 속에서 살고 있는 유정적 존재들의 이익 그리고 그 안에서 미래에 살아갈 존재들의 이익에서 찾는다.

이러한 싱어의 입장은 생명이나 생태계, 더 나아가 만물에 도덕적 지위를 부여하는 입장에 비해 장점이 있다. 무엇보다 싱어의 입장은 인간의 이익을 배제하지 않는다는 점에서 상식을 크게 벗어나지 않는다. 그럼에도 이러한 입장이 얼마만큼 객관성을 담지하는지는 여전히 논의의 여지가 있다. 어쩌면 일부 경우에는 인간에 대한 배려마저 배제하는 태도야말로 인간중심적 편향을 넘어서는 것일지도 모른다. 그러나 이는 지나치게 이상적인 기준이며, 적어도 현실 적용 가능성이라는 측면에서 볼 때 공리주의 환경 윤리는 다른 이론들에 비해 설득력이 있어 보인다. 물론 공리주의적 관점에서 생명체와 비생명체의 복잡한 조합으로 이루어진 자연의 가치는 수단적 가치에 머무르며, 그 자체로 본래적 가치를 지니지 않는다. 생태계 전체의 안정성이나 종의 보존 역시 개별 생명체들의 이익에 부합할 때에만 수단적 가치가 부여된다. 이러한 이유로 공리주의는 이들에 대한 본래적 가치를 인정하지 않으며, 이것이 문제로 지적되기도 한다. 그럼에도 싱어의 환경 윤리는 관련 주제에 대한 논의에서 가장 현실적이고 실천지향적인 이론 가운데 하나로 평가된다.

동물 해방에서 환경 윤리로의 확장

싱어의 환경 윤리는 환경 문제를 바라보는 시각을 동물 해방 논리와 접목한다는 점에서 특색을 찾을 수 있다. 싱어에게 환경 파괴는 단순한 생태적 위기가 아니라 불필요한 고통을 초래하는 비윤리적 행위의 연장선상에 있다(Singer, 2012: 286 이하).

목초지 확보를 위한 열대우림 지역의 파괴

환경 문제를 언급하면서 싱어는 열대우림 지역의 파괴에 주목한다. 이 지역은 지구 생물종의 절반 이상이 서식하는 곳으로, 생물 다양성의 보고이자 지구 기후를 안정화하는 데 핵심 역할을 하는 지역이다. 연구에 따르면 최근 들어 아마존 열대우림에서는 한 해에 경기도 전체 면적과 맞먹거나 이를 넘어서는 규모의 산림이 사라지고 있다. 이러한 파괴는 주로 소 사육을 위한 목초지 확보 때문에 발생한다. 열대우림은 소 사육을 목적으로 불태워지고 벌목되며, 특히 쇠고기 수출을 늘리기 위해 방목지를 계속 확장하면서 광대한 면적의 숲이 사라지고 있다. 여기서 생산된 쇠고기는 주로 선진국으로 수출되는데, 이는 바꾸어 말해 선진국 국민의 고기 소비를 위해 열대우림이 심각하게 훼손됨을 뜻한다(Singer, 2012: 292). 이러한 현상은 부유한 나라의 식탁이 가난한 지역의 환경을 파괴하는 구조를 보여 준다. 문제는 이러한 훼손이 파장을 드리워 부작용을 일으킨다는 것이다. 숲이 사라지면 수많은 동물이 서식지를 잃고 고통받게 되며, 온실가스 배출이 늘어나 기후 위기가 가속화할 수 있다. 이는 범지구적 환경 문제를 일으킬 수 있으며, 그 피해는 헤아릴 수 없을 정도가 될 수 있다.

공장식 농장과 고기 생산의 환경적 폐해

싱어는 공장식 축산과 고기 생산이 환경오염에 미치는 영향에 주목한다. 공장식 축산은 동물들에게 극심한 고통을 초래할 뿐 아니라 산림 파괴, 수질·토양 오염, 온실가스 배출 등 환경 파괴의 주요 원인이 된다. 사육되는 모든 가축은 분뇨를 배출하는데, 예를 들어 한 마리의 젖소가 하루에 배출하는 분뇨의 양은 약 40킬로그램에 달한다고 알려져 있다. 문제는 수천, 수만 마리의 가축이 밀집 사육되는 대형 농장에서 배출되는 분뇨의 총량이 감당하기 어려운 수준에 이른다는 점이다. 이러한 폐기물은 충분한 정화 과정을 거치지 못한 채 토양과 하천으로 유입되며, 그 결과 토양과 수질의 심각한 오염을 초래한다. 더 나아가 소의 분뇨와 소변에 포함된 항생제와 호르몬 잔류물은 오염의 정도를 한층 심화하는 요인으로 작용한다.

가축들이 배출하는 분뇨는 토양 오염, 수질 오염을 초래하는 데 그치지 않는다. 이들은 분해되는 과정에서 메탄(CH_4)과 아산화질소(N_2O) 같은 온실가스를 다량 배출한다. 이는 가축들의 트림과 장내 발효 과정에서 나오는 메탄과 더불어 지구 온난화의 주요 요인이다(Singer, 2024: 260).

분뇨 문제와는 별개로, 고기 생산은 식물 기반 식품 생산과 비교할 수 없을 정도로 많은 온실가스를 배출한다. 예컨대 소고기 생산은 견과류 생산과 비교했을 때 칼로리당 약 520배, 단백질 1그램당 약 192배의 온실가스를 배출한다고 알려져 있다(Singer, 2024: 262).

이처럼 공장식 축산과 고기 생산은 다양한 경로로 환경 오염을 심화한다. 유엔식량농업기구(Food and Agriculture

Organization of the United Nations, FAO)의 2021년 보고서에 따르면 전 세계 온실가스 배출량의 약 14.5퍼센트가 축산업에서 발생하며, 이는 전 세계의 자동차와 항공기를 포함한 전체 교통수단이 배출하는 온실가스 규모와 유사하다. 싱어는 이러한 점을 근거로 채식 기반 식단이 "화석연료 사용을 전면적으로 중단하는 것에 비해 일상생활에 큰 부담을 주지 않으면서도 다양한 방식으로 배출가스를 줄일 수 있는 선택"이라고 주장한다(Singer, 2018: 334). 싱어의 이러한 논의를 고려하면, 우리는 환경 문제에 관심이 있다는 이유만으로도 채식을 해야 할 것이다.

참고문헌

Leopold, A.(1949). *A Sand County Almanac: And Sketches Here and There.* Oxford University Press.

Næss, A.(1995). The Shallow and the Deep, Long-Range Ecology Movement. In Drengson, A. & Inoue, Y.(eds.). *The Deep Ecology Movement: An Introductory Anthology.* North Atlantic Books.

Singer, P.(1990). *Animal Liberation.* Harper Perennial Modern Classics. 김성한 옮김(2012). ≪동물 해방≫. 연암서가.

Singer, P.(1993). *Practical Ethics(2nd edition).* Cambridge University Press. 황경식·김성동 옮김(1997). ≪실천윤리학≫. 철학과현실사.

Singer, P.(2011). *Practical Ethics(3rd edition).* Cambridge University Press. 황경식·김성동 옮김(2013). ≪실천윤리학≫. 연암서가.

Singer, P.(2015). *The Most Good You Can Do: How Effective Altruism Is Changing Ideas About Living Ethically.* Yale University Press. 이재경 옮김(2016). ≪효율적 이타주의자≫. 21세기북스.

Singer, P.(2017). *Ethics in the Real World: 82 Brief Essays on Things That Matter.* Princeton University Press. 박세연 옮김(2018). ≪더 나은 세상: 우리 미래를 가치 있게 만드는 83가지 질문≫. 예문아카이브.

Singer, P.(2023). *Animal Liberation Now.* Harper Perennial. 김성한 옮김(2024). ≪우리 시대의 동물 해방≫. 연암서가.

08
나눔과 효율적 이타주의

많은 사람들은 싱어를 동물 해방의 철학자로만 기억한다. 하지만 싱어는 이익동등고려의 원칙을 빈곤 문제에도 적용하면서 효율적으로 이타성을 발휘할 것을 요청한다. 싱어에 따르면 나눔은 감정이 아니라 이성적 판단에 따라 가능한 한 많은 고통을 줄이고 행복을 늘릴 수 있는 방식으로 이루어져야 한다. 우리는 실증적 근거와 효율을 기준으로 누구를 어떻게 도울지 결정해야 하며, 이를 통해 가장 의미 있고 자원을 효과적으로 활용할 수 있는 자선을 실천해야 한다.

일관된 이익동등고려의 원칙 적용

많은 사람들이 싱어를 동물 문제에만 관심을 기울인 철학자로 알고 있다. ≪동물 해방≫이 미친 커다란 영향력을 고려한다면 이는 특별히 이상한 일이 아니다. 하지만 우리가 분명히 알아야 할 것은 싱어가 옳고 그름을 판정해야 할 '모든' 문제에 이익동등고려의 원칙을 적용한다는 점이다. 싱어는 오직 동물에게 도덕적 지위를 부여하기 위한 목적으로만 이익동등고려의 원칙을 활용하는 것이 아니다. 다시 말해 싱어는 이익동등고려의 원칙을 기준으로 옳고 그름을 판정하다 보니 동물에게 도덕적 지위를 부여하는 것이지 그 반대가 아니다(김일방, 2012: 159).

몇몇 사람들은 싱어가 동물에 지나치게 치우쳐 인간의 위상을 격하한다고 비난한다. 이는 적절치 않은 비판이다. 싱어는 동물의 고통뿐 아니라 절대 빈곤 속에서 고통받는 사람들에 대한 관심을 꾸준히 촉구해 왔다. 그 대표적 성과가 2009년에 출간된 ≪빈곤 해방≫이다. 이 책에서 싱어는 풍요 속에서 살아가는 우리가 최소한의 나눔을 실천함으로써 수많은 생명을 구할 수 있음을 강조한다.

싱어는 나눔 문제에 이익동등고려의 원칙을 체계적으로 적용했으며, 이는 이후 윌리엄 매캐스킬(William MacAskill)

과 토비 오드(Toby Ord) 등이 '효율적 이타주의(effective altruism)'라는 이름으로 정식화한 운동의 철학적 기반이 되었다. ≪효율적 이타주의자(The Most Good You Can Do)≫(2015)에서 싱어는 이 운동의 사상적 의의를 구체화하고 대중적으로 확산하고자 했다. 그 핵심은 도덕적 행위를 감정의 문제가 아니라 이성적 판단의 문제로 전환하고, 우리가 가진 자원을 효율적으로 사용해 최대의 선을 실현하자는 것이었다.

효율적 이타주의는 공리주의를 기반으로 무엇을, 어떻게, 누구에게 나누어야 최대의 선을 이룰 수 있는지 검토할 것을 요청한다. 공리주의의 주요 특징을 바탕으로 나눔에 대한 싱어의 입장을 담은 효율적 이타주의를 살펴보자.

왜 나누어야 하는가

공리주의는 ① 행복을 선으로, 고통을 악으로 간주하며, ② 행위의 동기보다는 결과에 주목한다. 또한 ③ 나와 남을 동등하게 대할 것을 요구하며, ④ 최대 다수의 최대 행복을 지향한다(Rachels, 1989: 155). 공리주의의 이 네 가지 특징을 바탕으로 나눔 문제에 대한 싱어의 입장을 정리해 보자.

공리주의자인 싱어는 나눔이 행복을 증진하고 고통을 줄이려는 목적을 실현하는 효과적 수단이기 때문에 그 자체로 도덕적 정당성을 띤다고 생각할 것이다. 이는 '왜 나누어야 하는가'라는 질문에 대한 싱어의 답변이 될 것이다. 우리는 고통을 없애야 한다는 도덕적 의무에 귀를 기울여야 한다. 그 의무는 고통을 겪고 있는 존재가 나와 어떤 관계에 있는지와 무관하고, 누가 그러한 고통을 야기했는지와도 무관하다. 설령 내가 고통을 야기하지 않았어도 나는 그 고통을 경감할 의무가 있다.

싱어는 물에 빠져 허우적거리는 아이의 사례를 통해 이를 설명한다. 우리가 물에 빠진 아이를 보았을 때 마치 아무 일도 없었다는 듯 그냥 지나치는 것은 도덕적 잘못이다. 아이가 나와 일면식이 없더라도, 내가 비싼 옷을 입고 있거나 다른 일이 있더라도, 구할 수 있는 상황이라면 구해야 한다. 물론 내가 할 수 있는 일이 아무것도 없다면 상황이 다를 수 있다. 하지만 내게 구할 수 있는 방법들이 있음에도 아이가 물에 빠져 죽는 것을 방치하는 일은 분명 잘못이다(Singer, 2024: 43-44; Singer, 2010: 21 이하).

만약 이러한 논리에 설득력이 있다면, 우리는 고통 속에서 살아가는 사람들을 도와야 한다. 설령 그들의 고통을 내가 야기한 것이 아니더라도, 물에 빠진 아이를 구해야 한다는 직관이 옳다면 우리는 이 세상의 고통에 귀를 기울여야 하며 그 고통을 없애기 위해 분투해야 한다.

누구를 도와야 하는가

공리주의는 고통을 없애고 행복을 산출하라고 요청하는 이론이다. 그런데 막상 이러한 지침을 구체적 상황에 적용하는 데에는 어려움이 따른다. 우리 주변에는 고통을 겪고 있는 대상이 너무나 많고, 우리의 선택에는 제약이 따를 수밖에 없다. 우리가 전지전능한 신이 아닌 이상 이 세상의 모든 고통을 없앨 수는 없다. 이러한 상황은 우리에게 선택을 강요한다. 고통받는 수많은 이들 중에서 우리가 우선 선택해야 할 대상은 누구인가?

싱어는 이러한 상황에서 이익동등고려의 원칙을 적용하라고 요청한다. 이 원칙에 따르면 각 존재의 고통과 행복은 동등하게 고려되어야 하며, 누구의 것이라고 해서 우선적 가치가 주어지지 않는다. 따라서 나의 가족, 이웃 혹은 국적이 같은 사람이 아니더라도 더 큰 고통을 겪는 타인을 외면할 근거는 없다. 예를 들어 A가 100의 고통을, B가 50의 고통을 받고 있고 C가 전혀 고통받고 있지 않다면, 나에게 고통을 해소할 능력이 있고 고통 제거로부터 전혀 피해를 입지 않는 한 나는 A를 도와야 할 것이다. 한편 A와 B가 0의 고통을 받고, C가 100의 고통을 받는다면 나는 C를 도와야 할 것이다. 여기서 A, B, C가 누구인지는 중요하지 않다. 중요한 것은 고통의 양이다. 우리는 누가 가장 고통받고 있는지를 기준으로 누구를 도울지 결정해야 한다. 그리하여 만약 아프리카의 난민이 대한민국 사람보다 더 고통받고 있다면 아프리카 난민을, 그 반대의 경우에는 대한민국 사람을 우선적으로 고려해야 한다. 이는 이익동등고려의 원칙을 받아들인다면 도달하게 될 결론이다(Singer, 2013: 128).

어떻게 나누어야 하는가

동기보다 결과에 초점을 맞추어라

그다음으로 공리주의의 결과주의적 특징에 초점을 맞춰 보자. 공리주의에서 말하는 결과란 행동이 초래하는 행복과 고통이다. 공리주의자들은 이 결과가 행동의 동기보다 중요하다고 생각한다. 이는 칸트의 의무론과 대비된다. 칸트의 의무론에서 어떤 행동의 도덕성을 규정하는 것은 동기로, 훌륭한 동기에서 행동했다면 결과와 상관없이 그 행동은 도덕적 가치를 갖는다. 반면 공리주의자는 동기와 결과 중 한쪽을 선택해야 한다면 결과를 선택해야 한다고 주장한다(김성한, 2016: 43-44).

이러한 입장은 나눔 문제에서 시사하는 바가 적지 않다. 가령 공리주의자는 설령 훌륭한 동기로 나눔을 실천한다고 해도 결과적으로 고통이나 피해가 야기된다면 그러한 활동은 도덕적으로 문제가 있다고 평가한다. 거꾸로 자기 이익을 염두에 두고 나눔을 실천했음에도 그 결과가 긍정적이라면 도덕적으로 긍정적이라고 평가한다. 이러한 입장을 취한다면 훌륭한 동기를 갖추지 않았어도, 심지어 자기 과시와 같은 동기에서 행동하더라도 만약 확실하게 고통을 제거할 수 있고 행복을 야기할 수 있다면 우리는 마땅히 나눔을 실천해야 한다. 영웅이라는 칭호를 얻고 싶어 물에 빠진 아이를 구했다고 해도 실제로 아이를 살렸다면 그것만으로도 그 행동은 도덕적 가치를 인정받을 수 있다. 결국 중요한 것은 그 동기가 무엇이든 행위가 실제로 어떤 결과를 낳았는가다. 우리가 "힘닿는 데까지 최대한 남을 돕고 싶다면 행동의 결과를 생각해야 한다"(MacAskill, 2017: 64).

최대 다수의 최대 행복을 의식하라

그런데 공리주의의 특징에 충실하고자 한다면 우리는 이익을 동등하게 고려하는 데에만 머물러서는 안 되며, 최대 다수의 최대 행복을 염두에 둘 필요가 있다. 행복을 선, 고통을 악이라고 생각하는 공리주의의 입장에서 더 많은 행복을 산출하고 더 많은 고통을 제거하는 것은 도덕적으로 더 나은 선택이다. 예컨대 1의 고통을 줄이는 것보다는 10의 고통을, 10의 고통을 줄이는 것보다는 100의 고통을 줄이는 것이 더욱 의미가 있다. 문제는 개인의 힘으로는 이를 무한정 도모할 수 없다는 데 있다. 이러한 상황에서 우리가 택해야 할 선택지는 무엇일까? 싱어는 이를 해결하기 위한 방법으로 효율적 이타주의를 제안한다.

효율적 이타주의

효율적 이타주의란 시간과 돈, 노력 등의 주어진 자원을 활용해 이왕이면 가장 많은 고통을 줄이고 가장 많은 행복을 증진하는 방식을 찾아 실천하라는 요청이다. 즉 선택 상황에서 최소의 노력으로, 아니면 동일한 노력으로 최대한 많은 고통을 줄이고 최대한 이익을 확장하는 방식으로 행동

할 것을 요구하는 입장이다. 싱어에 따르면 이는 "세상을 개선하는 가장 효율적인 방법을 이성과 실증을 통해 모색하고 실천하는 철학이자 사회운동"(Singer, 2016a: 18)이다. 효율적 이타주의는 학자에 따라 강조하는 바가 다소 다른데, 싱어가 말하는 효율적 이타주의는 공평무사한 입장에서, 행위자 자신을 포함한 관련된 모두에게 최대한의 긍정적 결과를 산출하는 선택을 해야 함을 뜻한다.

그러한 선택에서 중요한 것은 실증적 데이터 분석과 이를 바탕으로 한 공리 계산이다. 싱어는 그것들을 이용해 나눔을 실천하는 것이 효율적 이타주의를 실천하는 방법이라고 생각한다. 이러한 입장에 따르면 우리는 그저 감정이나 직관에 따라 기부를 해서는 안 되며, 가장 많은 효과를 산출하는 대상을 찾아서 신중하게 기부를 해야 한다.

효율적 이타주의는 나눔 활동 전반을 이끄는 실천 지침으로, 봉사활동에서 효율성을 핵심 기준으로 삼아야 함을 강조한다. 다시 말해 자선 활동을 하면서 더 많은 생명을 구하고, 더 많은 고통을 줄이며, 더 많은 행복을 산출하기 위해 최선을 다하는 것이야말로 진정한 의미의 봉사임을 알려 준다. 효율적 이타주의의 입장에서 우리는 '좋은 게 좋은 거' 식의 봉사활동을 해서는 안 되며, 효율을 의식하면서 누구와, 누구를 대상으로, 어떤 봉사활동을 할지 고민해 봐야 한다. 예컨대 다른 사람에게 알리지 않고 남몰래 혼자서 하는 봉사활동과 주변 사람들은 물론 많은 사람들을 최대한 이끌어 하는 봉사활동 중에서 선택해야 한다면 효율적 이타주의는 후자를 선택할 것을 요구한다. 이는 결과에 초점을 맞추고, 이왕이면 더 많은 긍정적 결과를 산출해야 한다는 입장에서 받아들여야 할 선택지다.

설령 모든 조건을 충족하는 완전한 형태는 아닐지라도, 만약 사람들이 이 같은 기준을 의식하고 봉사활동을 한다면 그러한 활동은 명실상부한 의미와 정당성을 갖추게 될 것이다. 싱어는 우리에게 이러한 이타주의를 실천하며 살아가라고 요청한다.

참고문헌

김성한(2016). ≪나누고 누리며 살아가는 세상 만들기≫. 연암서가.

김일방(2012). "채식주의의 윤리학적 근거". ≪철학논총≫, 68(2), 147-169쪽.

MacAskill, W.(2016). *Doing Good Better*. Avery. 전미영 옮김(2017). ≪냉정한 이타주의자≫. 부키.

Rachels, J.(1986). *The Elements of Moral Philosophy*. Random House. 김기순 옮김(1989). ≪도덕철학≫. 서광사.

Singer, P.(2009). *The Life You Can Save*. Random House. 함규진 옮김(2010). ≪물에 빠진 아이 구하기≫. 산책자.

Singer, P.(2011). *Practical Ethics(3rd edition)*. Cambridge University Press. 황경식·김성동 옮김(2013). ≪실천윤리학≫. 연암서가.

Singer, P.(2015). *The Most Good You Can Do*. Yale University Press. 이재경 옮김(2016a). ≪효율적 이타주의자≫. 21세기북스.

Singer, P.(2016b), *Famine, Affluence, and Morality*. Oxford University Press. 정환희 옮김(2024). ≪기근, 풍요, 도덕≫. 필로소픽.

09

사유와 실천 그리고 행복

윤리의 핵심은 사유에 머무르지 않는 '실천'에 있다. 싱어는 철학이 현실 문제를 해결하는 행동으로 이어져야 한다고 강조하며 채식과 기부 등을 통해 스스로 공리주의 원칙을 삶에서 실천하고 있다. 싱어에 따르면 타인을 돕는 것은 깊은 만족과 행복을 준다. 타인을 '제대로' 돕는 기준인 이익동등고려와 효율적 이타주의에 따른 실천이 이어진다면 그 삶은 '제대로' 행복한 삶이 될 것이다.

실천적 면모

싱어 윤리 사상의 가장 두드러진 특징은 논의가 사유에 머무르지 않고 실천으로 이어져야 한다는 점을 거듭 강조한다는 데 있다. 싱어의 저술에 담긴 도덕 추론의 목적은 그저 사변적으로 옳고 그름을 따지는 것이 아니다. 싱어는 치열한 논증의 귀결을 실천으로 옮겨야 한다고 강조한다. 이는 싱어의 주저 중 하나인 ≪실천윤리학≫의 제목에서도 드러난다. 즉 윤리가 사변에 머무르지 않고 실제적 삶과 맞닿아야 한다는 일관된 태도가 책 제목에 반영되어 있다.

싱어가 자신의 저술에서 독자들에게 일관되게 요구하는 것은 사유와 실천이다. 싱어는 실천으로 이어지지 않는 지식은 공허함에 머문다고 생각한다(Singer, 2013: 22). 이러한 입장은 "철학자의 임무는 세계를 해석하기만 하는 것이 아니라 세계를 변혁하는 일"이라고 주장한 마르크스를 연상케 한다. 단, 싱어는 세계를 변혁하는 일이 철학자뿐 아니라 이 세상에 살고 있는 모든 사람의 임무라고 보며, 이 임무를 완수하기 위한 다양한 실천 방법을 권한다.

싱어가 이처럼 실천을 권하면서 막상 본인은 별다른 행동을 하지 않았다면 그의 권유는 공허하게 들렸을 것이다.

예컨대 채식을 권하면서 정작 자신은 육식을 즐겼다면 싱어의 주장은 진정성을 잃었을 것이다. 하지만 싱어의 삶을 살펴보면 그가 자신이 저서나 논문 등에서 했던 이야기들을 얼마나 충실히 실천으로 옮기려 했는지 알 수 있다. 싱어는 어떤 것이 옳다는 결론에 이르면 그것을 실천하기 위해 노력해야 함을 몸소 보여 준다.

그렇다면 싱어의 실천지향적 태도는 어디서 확인할 수 있을까? 싱어의 실천적 면모는 크게 ① 매체를 통한 담론 확산과 사회적 실천 촉구, ② 사회운동과 정치 참여 그리고 NGO 활동, ③ 개인적 삶 속 실천으로 나누어 정리할 수 있다.

매체를 통한 담론 확산과 사회적 실천 촉구

싱어는 남몰래 하는 개인적 선행을 지향하지 않는다. 자신이 옳다고 판단한 바를 가능한 한 많은 사람과 공유해 주어진 상황 속에서 최대의 선을 산출하고자 한다. 이처럼 싱어는 한 사람의 착한 의도보다 행동 변화의 확산 자체를 선(善)의 핵심으로 본다.

싱어에게 저술 활동은 이 목표를 실현하는 핵심 채널이다. 공식 누적 판매량이 공개된 것은 아니지만 ≪동물 해방≫은 16개 언어로 번역되었고, 보수적으로 잡아도 50만부 이상 팔린 것으로 알려져 있다. 직접적 독자뿐 아니라 독자가 주변에 미치는 2차·3차 파급효과까지 고려하면 그 영향력은 훨씬 클 것이다. 싱어는 저술 외에도 강연, 인터뷰, 기고문 등을 통해 자신의 메시지를 반복적으로 노출하며 이를 실천을 견인하는 유효한 경로로 활용한다.

이러한 활동의 파급력은 내용의 도덕적 급진성만으로는 설명되지 않는다. 싱어의 사상이 널리 확산한 데에는 철학적 내용의 설득력뿐 아니라 사람들의 마음을 사로잡는 서술 방식과 문체의 힘도 한몫했다. 가령 싱어는 철학을 향한 일반적 비판이 지적하는 소위 '뜬구름 잡기'에 머물지 않는다. 일반인들이 잘 알아들을 수 없는 사변적 논의를 피하고, 철학과 사실 그리고 실천 지침 등을 흥미롭게 다룬다. 이러한 서술 방식으로 우리 삶과 밀접하게 관련된 문제들을 이해하기 쉽게, 그러면서도 가볍지 않게 다루면서 실천을 요청한다. 싱어의 이러한 서술적 특징은 더 많은 사람들을 실천으로 이끌 수 있는 중요한 요인이다. ≪동물 해방≫은 이 같은 방식으로 서술되었기 때문에 대중의 커다란 관심을 불러일으킬 수 있었으며, 그 결과 동물해방운동이 본격화했다고 보아도 특별히 잘못은 아닐 것이다.

사회운동과 정치 참여 그리고 NGO 활동

싱어는 책을 쓰고 강연을 하는 데 그치지 않고 사회운동과 정치 참여 그리고 NGO 활동을 활발히 펼치고 있다. 이러한 활동은 자신의 논리적 귀결을 공적 제도와 시민 참여로 확장해 파급력을 극대화하려는 시도의 연속선상에 있다. 이처럼 싱어는 자신이 옳다고 믿는 바를 '어떻게 더 크게, 더 효율적으로 전달하고 구현할 것인가'라는 질문에 답하기 위한 여정을 계속 이어 가고 있다.

싱어는 베트남전이 진행 중이던 젊은 시절 오스트레일리아의 징병제에 반대하는 조직을 이끌었고, 낙태법 개정 운동에 동참했으며, 1980년에는 오스트레일리아의 대표적 동물 보호 단체인 애니멀스오스트레일리아(Animals Australia)의 전신인 오스트레일리아동물단체연맹(Australian Federation of Animal Societies)을 공동으로 설립했다. 또한 1993년 그레이트 에이프 프로젝트(Great Ape Project)를 시작해 비인간 대형 유인원에게 기본적 권리를 부여해야 한다는 생각을 널리 확산했다. 이러한 단체 활동들은 조사와 캠페인, 정책 제안 등으로 이어졌고 실질적 제도 변화까지 유발했다. 이처럼 싱어는 자신의 동물 해방 논리를 시민운동과 제도로 실현하려 한다. 이러한 의도는 정치 참여로도 이어진다. 비록 당선되지는 못했지만 싱어는 오스트레일리아 상원의원 선거에 녹색당 후보로 출마해 자신의 뜻을 정치적으로 관철하고자 했다.

최근 싱어는 '더 라이프 유 캔 세이브'라는 NGO 단체를 설립해 효율적 이타주의에 바탕을 둔 기부 문화를 확산하려 하고 있다. 이 단체는 추천 대상과 평가 기준, 실천 가이드 등을 공개해 투명성과 공정성을 확보하려 하며, 가장 효율적인 기부가 이루어질 수 있는 대상에 대한 정보를 제공해 효율적 이타주의를 실현하고자 한다. 이 단체가 모금한 금액은 지금까지 대략 1억 달러 정도라고 하며, 싱어는 이러한 금액을 가장 효율적으로 자금을 활용하는 단체들에 연결해 왔다고 밝혔다.

개인적 삶 속 실천

싱어는 개인적 삶 속에서도 자신이 책에서 견지한 입장을 실천으로 옮기기 위해 노력한다. 예컨대 자신이 ≪동물 해방≫에서 내린 결론에 따라 오랜 기간 비건으로 살아왔고, 소비와 생활 방식에서도 환경과 인간 아닌 동물들을 늘 염두에 두었다. 또한 효율적 이타주의를 옹호하면서 지나친 소비를 피하고, 기본 생활비를 제외한 자산의 상당 부분을 구호 단체에 기부했다. 싱어는 이러한 실천을 통해 윤리 이론과 실천 사이의 간극을 최소화하려 애쓰고 있다.

싱어의 실천 방법들에서 눈여겨보아야 할 것은 그가 단지 혼자만의 실천에 머물지 않고 더 많은 사람들의 실천을 이끌어 내기 위해 다각도로 노력한다는 점이다. 싱어는 더 많은 사람들의 실천을 유도해 더 많은 고통을 줄이고자 하며, 효율을 의식하고 실천함으로써 더 많은 효익을 이끌어 내고자 한다. 만약 '제대로' 된 올바름을 실천하고자 한다면 우리는 어떤 방식으로든 싱어의 실천 방법을 참고해 보아야 할 것이다.

싱어가 말하는 행복한 삶이란

어느 정도 예상할 수 있는 바와 같이, 싱어가 생각하는 행복한 삶은 평범한 사람들의 그것과는 다르다. 많은 사람들이 생각하는 행복한 삶은 사적 욕구를 충족하면서 살아가는 삶이다. 하지만 욕구를 충족하는 것만이 능사는 아니다. 가령 정원의 잔디의 수를 정확하게 세고자 하는 욕구를 가진 사람이 그 욕구를 성취했다고 해서 그 삶이 행복한 삶은 아닐 것이다. 그렇다면 싱어가 생각하는 행복한 삶은 어떤 삶인가?

싱어는 어떤 사람의 물질적 생활수준이 높다고 해서, 혹은 더 많은 소비를 한다고 해서 그가 행복한 것은 아니라고 주장한다. 소비를 하면서 느끼는 행복은 일시적이다. 싱어에 따르면 "지속적인 만족과 성취감을 얻을 수 있는 방법은 우리 자신이 지닌 가치에 따르는 삶을 살면서 같은 가치를 추구하는 친구들과 교류하는 것이다"(EBS, 2021). 여기서 말하는 '자신이 지닌 가치'는 싱어에게 선호 공리주의와 이익동등고려의 원칙 그리고 효율적 이타주의를 뜻할 것이다.

여기서 우리는 다음과 같은 의문을 품을 수 있다. 공리주의가 쾌락 또는 행복을 선으로, 고통을 악으로 간주하는 이론이라면 '나'만의 행복을 도모하고 '나'만의 고통을 제거하는 것도 올바른 삶을 사는 방법이 아닐까?

이는 공리주의를 잘못 이해한 것이다. 만약 이처럼 공리주의를 해석한다면 공리주의는 이기주의 윤리설과 다를 바가 없게 된다. 다시 말해 다른 사람에게 미치는 영향과 상관없이 나의 이익만을 추구하면서 사는 것이 곧 올바른 삶이라고 생각하는 입장과 차이가 없어진다. 공리주의는 이기주의와 다른 이론이다. 공리주의는 '나'만의 행복 추구와 고통 경감을 도덕적으로 올바르다고 생각하는 이론이 아니며, 나를 포함해 '관련된 모든 존재'의 행복과 고통을 계산해 가장 커다란 행복을 야기하고 고통을 제거할 것을 요구한다(최훈, 2007: 61-62). 물론 계산을 해 봤을 때 나의 이익을 추구하는 것이 최대의 선을 산출한다면 그 선택이 정당화될 수 있을 것이다. 하지만 공리주의는 오직 나만의 행복과 고통에만 집중하는 이론이 아니며, 나뿐 아니라 관련된 모두의 행복과 고통을 염두에 둔다.

설령 오직 자신만의 행복을 염두에 둔다고 해도, 이를 위해 자신에게만 직접적으로 관심을 갖는 것이 꼭 행복과 직결되는 것은 아니다. 싱어는 자기 자신만을 위할 때보다 타인을 도울 때 더 큰 행복을 느낄 수 있다고 주장한다(Singer, 2009: 229-231). 싱어에 따르면 행복을 도모할 때 자신의 행복을 직접적으로 추구하기보다 우회적인 방식을 택하는 것이 바람직하다. 타인의 행복을 증진하고 그로 인해 나타나는 기쁨을 목도하는 간접적 경로야말로 오히려 더 충만한 행복에 이르는 길일 수 있다. 이러한 맥락에서 싱어는 "이러한 일에 몰두하게 되면, 돈이나 명예는 점점 더 그 의미를 상실하게 된다"고 말한다(Singer, 1996: 363).

만약 이러한 방식으로 행복을 도모할 수 있다면 이왕이면 더 효율적으로, 더 많은 대상들의 행복을 도모하는 것이 나의 행복의 양을 늘리는 방법이 될 수 있을 것이다. 그리고 행복하게 살고 싶다면 싱어의 도덕적 사유와 실천의 핵심, 즉 선호 공리주의를 염두에 둔 이익동등고려의 원칙과 효율적 이타주의를 의식한 합리적 판단을 통해 내린 결론을 실천으로 옮기면서 살아가면 될 것이다.

이러한 삶을 살고 있는 싱어 자신은 진정으로 행복한 삶을 살아가고 있는 것이다. 그리고 싱어가 자신을 포함한 모두에게 '사유하고 실천하라'고 요구하는 것은 올바른 삶을 살아가라는 요청일 뿐 아니라 사실상 행복한 삶을 살아가는 방법에 대한 안내일 것이다.

참고문헌

최훈(2007). ≪벤담 & 싱어: 매사에 공평하라≫. 김영사.

EBS(2021.10.18). <위대한 수업, 그레이트 마인즈: 피터 싱어 편, 5강>. EBS 방송 자료.

Singer, P.(1995). *How Are We To Live?*. Reed Consumer Books. 정연교 옮김(1996). ≪이렇게 살아도 괜찮은가≫. 세종서적.

Singer, P.(2009). *The Life You Can Save*. Random House. 함규진 옮김(2010). ≪물에 빠진 아이 구하기≫. 산책자.

Singer, P.(2011). *Practical Ethics(3rd edition)*. Cambridge University Press. 황경식·김성동 옮김(2013). ≪실천윤리학≫. 연암서가.

10

실천적 윤리 교육을 위한 제언

윤리 이론이 실천으로 이어져야 한다는 싱어의 강조를 바탕으로 한국 윤리 교육의 한계를 진단해 보자. 현재 한국의 윤리 교육은 지식 전달에 치우쳐 실제 행동 변화를 이끌어 내지 못하고 있으며, 시험 중심의 환경 역시 이를 어렵게 한다. 그럼에도 싱어의 관점을 염두에 두고 도덕 추론 능력 강화, 오류 방지 훈련, 효율적 이타주의 실천에 집중한다면 윤리 교육은 본래 목적에 한 걸음 다가갈 수 있을 것이다.

실천 역량을 기르는 윤리 교육의 방향

싱어는 윤리 이론이 단순히 사변에 머물러서는 안 되며 실천으로 이어져야 한다고 강조해 왔다. 싱어에게 철학은 삶을 개선하기 위한 도구며, 윤리적 성찰은 구체적 실천을 전제하지 않는 한 불완전하다. "윤리적 판단의 전체적 목적은 실천을 인도하는 것"(Singer, 2013: 22)이다. 이러한 싱어의 입장이 오늘날 한국의 윤리 교육에 시사하는 바는 무엇일까? 싱어의 윤리에서 우리 윤리 교육에 도입해야 할 요소가 있다면 그것은 무엇일까?

오늘날 한국의 윤리 교육은 학생들의 인지적 이해에 치우쳐 실질적 행동 변화로 이어지지 못한다는 비판을 받고 있다. 윤리 이론은 시험 대비용 지식으로 축소되고, 윤리적 실천은 제도적 요구에 따라 형식적으로 이루어지는 경우가 많다. 이러한 현실에서 싱어의 실천윤리학은 윤리 교육의 새로운 방향을 제시한다. 싱어의 철학은 '왜 옳은가'를 아는 데 그치지 않고, '어떻게 옳게 살 것인가'를 구체적으로 보여 준다는 점에서 교육적 시사점이 크다.

과거 군사 정권 시절 윤리 교과서는 주로 체제 유지와 권위에 대한 복종을 강조했다. 하지만 2022년 개정된 고등학교 윤리 교과서 ≪현대사회와 윤리≫는 현실 속에서의 윤리적 삶을 지향하며, 실천 윤리 또는 응용 윤리에서 다루는 주제들을 상당 부분 반영한다. 이 교과서는 단순히 유명 사상가들의 학설을 제시하는 데 그치지 않고, 이를 다양한 윤리적 쟁점에 적용하는 일의 중요성을 어느 정도 부각하기도 한다. 그러나 이러한 변화에도 불구하고 교과서가 얼마만큼 국민의 윤리적 삶을 이끌어 내고 있는지는 불확실하다. 대학수학능력시험이라는 제도적 현실하에서는 윤리 교육이 원래의 취지를 온전히 살리기 어렵기 때문이다. 문제의 핵심은 교과서 자체가 아니라 교과서를 제대로 활용할 수 있는 교육 환경의 부재에 있다. 이 한계는 극복하기 쉽지 않지만, 그럼에도 우리는 현실적 조건 속에서 윤리적 사유와 실천의 지평을 확장할 방향을 모색해야 한다. 이러한 과제를 싱어의 윤리적 관점을 수용한다는 전제하에 살펴본다면 대략 다음과 같은 제안을 해 볼 수 있을 것이다.

도덕 추론 능력의 강화

실천윤리학의 핵심은 도덕 판단의 궁극적 기준으로 내세울 수 있는 도덕 원칙을 대전제로 삼아, 구체적 상황에서 특정 문제에 대해 어떤 도덕 판단을 내리는 것이 적절한지

따져 보는 것이다. 도덕 추론이라고 불리는 이러한 과정은 도덕 원칙을 기준으로 삼아 특정 문제의 옳고 그름을 판단하고 정당화하는 일을 의미한다. 가령 동물을 어떻게 처우하는 것이 도덕적으로 옳은지 논할 때 직관이나 공감 등을 통해 판정하는 것은 널리 설득력을 얻을 수 없다. 이 문제를 판단하려면 일정한 추론 과정을 거쳐야 하며, 그 추론은 사유 능력에 대한 호소를 거쳐야 비로소 설득력을 확보할 수 있다.

이처럼 도덕 추론이 도덕 사유에서 중요한 역할을 한다면, 도덕 교과서는 도덕 추론 능력 함양에 더 많은 지면을 할애할 필요가 있다. 물론 도덕 판단의 기준으로 삼을 수 있는 도덕 원칙을 제시하는 수많은 도덕 이론을 모두 다루기는 어렵다. 그러나 영미권에서 출간된 윤리학 개론서를 살펴보면 주요하게 다뤄지는 이론은 공리주의, 칸트의 의무론, 덕 윤리, 이기주의 윤리 등 몇 가지에 불과하다 (Vaughn et al., 2016: 67-160). 이러한 이론들을 현실의 여러 사례에 적용하는 훈련에 초점을 맞춘다면 우리 학생들도 도덕 추론의 기본 구조를 익힐 수 있을 것이다. 이 같은 연습을 통해 학생들은, 싱어의 표현을 빌리자면 "스스로가 타인들 중 하나에 불과하며, 스스로에게 바람과 요구가 중요한 만큼 타인들에게도 중요한 요구와 바람들이 있다는 것을 인지하게 될 것이다"(Singer, 2011a: 107).

현재의 윤리 교과서는 도덕 추론을 간략하게 소개하는 수준에 머물러 있다. 하지만 교과서에서 도덕 추론 과정과 형식 등을 좀 더 상세하고 체계적으로 다룬다면 고등학교 교육과정 속에서도 도덕적 사유 훈련이 어느 정도 가능할 것이다. 요컨대 도덕 추론 능력의 강화는 학생들이 스스로의 가치 판단을 점검하고 비판적으로 성찰하는 능력을 기르는 데 기여할 수 있다. 이는 도덕적 자율성을 기르려는 윤리 교육의 본래 목적과도 맞닿아 있다.

오류 방지 훈련

동물 해방 논리가 설득력을 가질 수 있었던 것은 싱어가 반대 논변에 내재한 오류를 효과적으로 분석하고 반박했기 때문이다. 이는 윤리적 입장을 정당화하기 위해서는 단순히 원칙을 제시하는 것만으로는 충분하지 않으며, 제기되는 비판에 논리적으로 대응할 수 있어야 함을 보여 준다.

도덕 추론의 핵심은 자신의 판단을 정당화하는 동시에 반대 입장의 취약점을 드러내는 데 있다. 이러한 능력은 도덕 원칙에 근거한 판단과 더불어 논증 과정에서 발생하는 오류를 식별하고 평가하는 훈련을 통해 강화될 수 있다. 윤리 교육에서 오류 분석이 형식 논리학의 문제로 간주되어 소홀히 다루어지기도 하지만, 판단의 타당성을 확보하고 비판에 대응하기 위해서는 논증에서 발생하는 오류에 대한 이해가 필수적이다.

결과를 중시하는 공리주의적 관점에서 보면 오류를 피하는 것은 거짓말을 피하는 것보다 더 중요한 과제일 수 있다. 거짓말은 의도가 개입되기에 양심이 작동한다면 스스로 잘못을 자각할 수 있다. 반면 오류는 자신이 잘못된 판단을 하고 있음을 인식하지 못한 채 반복적으로 해악을 끼칠 수 있다는 점에서 문제가 더 심각할 수 있다(김성한, 2022: 467). 무의식적 오류가 지속적으로 도덕적 잘못을 낳을 수 있다는 점을 고려한다면, 윤리 교육은 오류를 방지하는 방법에도 적극적으로 관심을 기울여야 할 것이다.

오류를 막아야 올바른 도덕적 사유 능력을 갖출 수 있다면 윤리 교과서는 이에 관한 내용을 적극적으로 담을 필요가 있다. 현재 윤리 교과서에서 다루는 여러 주제들은 대부분 응용 윤리 영역에서 다루는 것들로, 한 번쯤 검토해 봐야 할 주제들이다. 하지만 도덕 추론과 오류에 대한 이해 없이 이 주제들을 접한다면, 교과서에서 소개하는 내용들은 피상적 암기의 대상으로 전락할 위험이 크다. 교과서에서 다루는 여러 주제들을 학습하는 목적은 단순히 지식을 습득하는 것이 아니라 사유 능력을 기르고 나아가 이를 자신의 삶에 녹여 내어 실천에 이르게 하는 데 있다. 그런데 이를 위한 기본 틀을 숙지하지 않은 채 다양한 주제들을 접한다면 과연 그 주제들에 대한 지식이 현실에서의 도덕적 삶에 얼마만큼 긍정적 영향을 미칠지 한 번쯤 생각해 볼 필요가 있다.

효율적 이타주의를 통한 실천 강화

나눔 또는 봉사는 도덕적 실천과 가장 직접적으로 연결된 주제로, 비교적 최근까지도 고등학생들은 대학 진학을 위해서라도 봉사활동을 하지 않을 수 없었다. 그런데 정작 이와 가장 밀접한 교과목인 윤리에서는 봉사의 필요성과 방법을 피상적으로 언급하는 데 그치고 있다. 윤리 수업과 별개로 이루어지기는 해도, 봉사활동은 윤리 수업과 결코 분리될 수 없는 올바름의 실천 방법이다. 따라서 윤리 교과서는 봉사활동의 의의와 중요성을 부각해야 하며, 그 실천 방법에 대해서도 적절한 제안을 할 필요가 있다. 봉사라는 주제를 꼼꼼히 다루지 않을 경우 학생들에게 봉사활동은 대학 입시를 위한 수단으로만 받아들여질 위험이 크다. 이 같은 상황에서 윤리 교과서가 봉사와 나눔 활동을 어떻게 다뤄야 형식적 제안에 그치지 않고 제대로 된 의미의 실천으로 이어질 수 있을까?

싱어의 효율적 이타주의와 그 적용 방식에 대한 소개는 봉사활동을 어떻게 실천할지 구체적으로 보여 주는 좋은 지침이 될 수 있다. 물론 싱어처럼 공리주의 원칙을 엄격히 적용해 재산의 상당 부분을 기부하라고 요구한다면 이를 수용할 사람은 많지 않을 것이다. 그러나 최소한 봉사나 나눔이라는, 삶에서 차지하는 비중이 크지 않은 영역에서라도 효율성을 고려하라는 요청은 봉사활동이 민폐로 전락하는 것을 막고 나아가 도움이 가장 절실한 이들에게 제대로 다가갈 방안이 될 수 있을 것이다(김성한, 2024: 15).

효율적 이타주의가 적용된 봉사활동은 즉흥적이거나 감정에 치우친 봉사, 혹은 봉사자의 만족감에만 초점을 맞춘 활동에 비해 그 장점이 뚜렷하다. 무엇보다 효율적 이타주의를 의식하면 봉사자는 동일한 시간과 노력을 투입했을 때 어떤 방식이 가장 큰 도움을 줄 수 있을지 고민하게 된다. 이는 봉사활동의 방향과 우선순위를 다시 설정하도록 이끈다. 즉 '더 많은 도움을 줄 수 있는 대상을 우선적으로 지원해야 한다'는 기준이 자연스럽게 형성된다. 이러한 기준이 적용될 경우 우리는 더욱 공정하고 효율적인 활동을 할 수 있게 되며, 이는 도덕 공동체의 확장으로 이어질 수 있다.

효율적 이타주의에 기반한 나눔은 수혜자에게 직접적인 혜택을 제공하는 데 그치지 않고 봉사자 자신의 성찰과 성장 그리고 사회 제도의 개선을 이끌어 내는 선순환 구조를 만들 수 있다. 다시 말해 효율적 이타주의는 자기만족이나 일시적 행위에서 벗어나 봉사와 나눔을 사회적 의미를 지닌 실천으로 확장할 수 있다. 이러한 나눔 방식은 봉사활동의 운영과 평가, 자원 배분 등 전반적 구조에도 혁신을 가져올 수 있다. 가령 기관이나 단체가 효율적 이타주의의 원리를 반영한다면 활동의 목표와 성과를 감정적 기준이 아니라 측정 가능한 효과성 지표를 통해 평가할 수 있게 될 것이다. 이와 동시에 한정된 예산과 자원을 가장 시급하고 효과적인 영역에 집중하게 함으로써 정책 판단의 객관성을 높일 수도 있을 것이다. 예컨대 동일한 예산을 어느 지역의 교육 사업이나 질병 퇴치 활동에 배분할지 결정할 때, 효율적 이타주의라는 기준은 가장 큰 사회적 효과를 낼 수 있는 선택을 가능하게 한다. 이처럼 효율적 이타주의는 감정이나 관습이 아니라 이성과 근거에 기반한 실천 윤리로서 봉사활동을 사회문제 해결의 전략적 수단으로 발전시키는 데 핵심 토대가 될 수 있다.

정리하자면 효율적 이타주의는 뚜렷한 기준 없이 이루어져 온 봉사활동에 구체적이고 합리적인 원칙을 부여한다. 그 결과 봉사활동은 수혜자에게는 실질적이고 지속 가능한 지원을, 봉사자에게는 자기 성찰과 성장의 기회를, 사회에는 제도적 개선의 가능성을 제공하게 된다. 만약 윤리 교과서에서 이러한 관점을 다루고, 학생들이 봉사활동을 할 때 이를 실제로 고려하도록 지도한다면 봉사자와 수혜자, 더 나아가 사회 전체가 실질적 변화를 경험할 수 있을 것이다. 단순히 봉사와 기부의 필요성을 스쳐 지나가듯 언급하는 경우와는 달리 효율적 이타주의에 대한 강조는 이타적 실천을 훨씬 더 의미 있고 효과적으로 만드는 길이 될 수 있을 것이다.

참고문헌

김성한(2022). "오류 막기: 올바른 삶을 위한 조건". ≪초등도덕교육≫, 79, 463-489쪽.

김성한(2024). "명실상부한 나눔 활동 방안으로서의 효율적 이타주의". ≪교양교육과 시민≫, 9, 185-214쪽.

Singer, P.(1999). *A Darwinian Left: Politics, Evolution, and Cooperation*. Yale University Press. 최정규 옮김(2011a). ≪다윈주의 좌파≫. 이음.

Singer, P.(2011b). *Practical Ethics(3rd edition)*. Cambridge University Press. 황경식·김성동 옮김(2013). ≪실천윤리학≫. 연암서가.

Vaughn, L. et al.(2016). *Doing Ethics*. W. W. Norton & Company.

피터 싱어(Peter Singer, 1946~)

도덕적 사유와 실천의 연결을 강조해 온, 실천윤리학을 대표하는 철학자다. 동물해방운동의 지적 기반을 마련한 ≪동물해방≫(1975)으로 세계적 주목을 받았고, ≪실천윤리학≫(1979)을 통해 생명 윤리, 빈곤, 환경, 기부와 같은 현실 윤리 문제를 체계적으로 다루었다. 선호 공리주의와 이익동등고려의 원칙을 토대로 인간뿐 아니라 고통을 느낄 수 있는 모든 존재를 도덕적 고려 대상에 포함해야 한다고 주장한다. 자신의 철학을 실제 삶에 녹여 내기 위해 노력하며, 효율적 이타주의 운동을 적극 이끌어 왔다. 도덕을 추상적 이론이 아니라 실천적 삶의 지침으로 바라보는 데 커다란 기여를 하고 있다.

김성한

고려대학교 불문학과를 졸업하고 동 대학원에서 철학 석사 학위와 박사 학위를 받았다. 전주교육대학교 윤리교육과 교수로 재직 중이다. 나눔과 동물 윤리 그리고 진화론에 관심을 갖고 관련 서적과 논문을 발표해 왔다. 지은 책으로는 ≪비건을 묻는 십대에게≫(2023), ≪나누고 누리며 살아가는 세상 만들기≫(2016), ≪어느 철학자의 농활과 나누는 삶 이야기≫(2013) 등이 있다. 옮긴 책으로는 ≪똑똑하게 나누는 법≫(2025), ≪우리 시대의 동물 해방≫(2024), ≪동물권 옹호≫(공역, 2023), ≪새로운 창세기≫(2023), ≪인간과 동물의 감정 표현≫(2020) 등이 있다.